LA
CYBERINTIMIDATION
DES CONSÉQUENCES SANS FIN

Marthe Saint-Laurent

LA CYBERINTIMIDATION
DES CONSÉQUENCES SANS FIN

Les paroles s'envolent,
mais les photos et les écrits restent !

BÉLIVEAU
★
éditeur

Conception et réalisation de la couverture : Christian Campana
Photographie de la couverture : IStockphoto

Tous droits réservés pour l'édition française
© 2012, BÉLIVEAU ÉDITEUR

Dépôt légal : 1er trimestre 2012
Bibliothèque et Archives nationales du Québec
Bibliothèque et Archives Canada

ISBN 978-2-89092-527-4

 920, rue Jean-Neveu
Longueuil (Québec) Canada J4G 2M1
450 679-1933   Télécopieur : 450 679-6648

www.beliveauediteur.com
admin@beliveauediteur.com

Gouvernement du Québec — Programme de crédit d'impôt pour l'édition de livres — Gestion SODEC — www.sodec.gouv.qc.ca.

Nous reconnaissons l'aide financière du gouvernement du Canada par l'entremise du Fonds du livre du Canada pour nos activités d'édition.

IMPRIMÉ AU CANADA

TABLE DES MATIÈRES

Je remercie

M. Francesco Secondi, commandant
Chef de section, Crimes technologiques
Service de police de la Ville de Montréal (SPVM)

et le Réseau Éducation-Médias

INTRODUCTION

AVANT les années 1980, personne ne parlait d'intimidation. Les adultes avaient la conviction qu'un jeune qui se faisait «écœurer» devait apprendre à se défendre. Du coup, il devenait plus fort, plus résistant et était prêt pour la vie adulte. À l'époque, l'intimidation était un rite initiatique qui permettait de devenir mature. Cela se passait dans la cour d'école, dans la rue après les classes ou dans l'autobus. Toutes ces altercations avaient une constance : le face-à-face.

Qu'est-ce qu'un rite de passage?

C'est un rituel qui permet à un individu de passer d'un ancien statut à un nouveau. Dans certaines peuplades, il suffisait d'aller chasser tel animal pour être dorénavant considéré comme adulte. D'autres groupes y allaient d'une petite circoncision. Si vous avez subi une initiation à l'école, il s'agissait d'un rite de passage vous permettant de vous réclamer de votre établissement d'enseignement. Dans les années 1960 et 1970, c'est ainsi qu'on voyait les moqueries, les insultes et les tapes sur la gueule.

Bien sûr, on parlait d'un individu qui s'acharnait sur un autre. Dans le pire des cas, un groupe emboîtait le pas avec l'intimidateur et la victime était le *rejet* de la classe ou de l'école. C'était affreux pour elle, mais les autorités scolaires – car à l'époque ce mot avait un sens – avaient mainmise pour peu qu'elles s'en donnaient la peine. Par ailleurs, les parents se sentaient impliqués et travaillaient de concert avec la direction de l'école. C'était avant. C'était *dans l'temps*.

Autre temps, autres mœurs! Depuis, les enfants-roi ont fait leur arrivée. La réalité des parents a changé. Désormais, submergés par le surplus de travail, responsables de famille peu nombreuse et éclatée, les parents vivent avec la culpabilité d'être absents. Ces derniers sont épuisés par des années de fatigue accumulée et par des enfants de plus en plus exigeants qui ont appris à maîtriser le bouton «culpabilité» de leurs parents. Si bien que la notion de «responsabilité», dont les enfants de l'époque connaissaient l'existence dès la naissance, ne veut plus rien dire maintenant. Les parents d'aujourd'hui achètent la paix. Ils n'ont pas d'énergie pour se battre avec leurs enfants afin qu'ils fassent la vaisselle ou leur lit. J'en suis. Il ne s'agit pas d'une critique, mais d'un constat.

Avec l'arrivée des enfants-rois, l'avènement de la technologie, puis des médias sociaux, tout cela laisse présager une modification obligée dans la manière de penser… de vivre. Les jeunes sont nés en même temps que la technologie, mais les adultes se sont-ils adaptés? (Pas tous et cela devient d'autant plus difficile à suivre que de nombreuses

12

études tendent à démontrer que le cerveau se développe différemment en présence de ces technologies. De quoi créer encore plus de distance entre parents et enfants.) Plusieurs suivent intelligemment l'évolution. Tandis que certains n'ont aucune idée de ce qui se trame actuellement, d'autres veulent jouer les *cools* et placent ainsi des adultes (enseignants) dans l'embarras.

Il devient plus difficile, voire impossible de contrôler l'intimidation lorsqu'elle naît, vit et meurt (jamais complètement) sur des réseaux sociaux virtuels. D'ailleurs, le terme *cyberintimidation* a été créé par l'enseignant albertain Bill Belsey. Depuis que ce phénomène a vu le jour, nombreux sont ceux qui croient qu'il n'y a rien à faire. Ils sont convaincus que les années à venir seront impitoyables et que rien ni personne ne peut arrêter les cyberintimidateurs, les cybertémoins actifs, que tout va mal… et que la fin du monde arrivera sous peu tant qu'à y être!

Certes, nous vivons une crise importante, voire cruciale, mais c'est pour mieux nous adapter. Elle est là pour nous permettre de revoir nos interventions, notre manière de penser et d'intervenir surtout. Ce qui jadis fonctionnait, eh bien, soyons honnêtes et avouons que cela est nul aujourd'hui.

Les habitudes nées du judéo-christianisme n'ont plus leurs raisons d'être. La punition n'a plus d'impact, semble-t-il. Les jeunes voient le retrait de l'école comme des vacances bien méritées. Alors, cessons de retirer un jeune de ses obligations scolaires, ce qui lui fait plaisir en plus de l'inciter à revenir en force et encore plus révolté contre la victime qui l'a dénoncé. Cherchons à travailler davantage sur le comportement et la conscience de l'intimidateur au lieu de le punir. Il s'agit là d'une manière d'intervenir avec un élève qui utilise son intelligence et dont la base de l'éducation est solide.

Et pour les autres, les jeunes plus récalcitrants, il sera question de cas qui ont marqué l'histoire de la cyberintimi-dation. Les élèves dont les écrits non réfléchis ont rendu leurs parents responsables, si bien que ces derniers ont dû payer des sommes très élevées aux victimes ou à leurs parents. Peut-être que cette perspective fera réfléchir les intimidateurs et les parents qui ne se sentent pas concernés par les insouciances de leurs progénitures. Il sera égale-ment question de mineures qui ont reçu une peine d'emprisonnement. Dans cet ordre d'idées, il sera difficile d'éviter d'aborder les lois du Code criminel, du Code civil et de la Charte des droits et libertés qui se sont appliquées à plusieurs reprises dans les récentes annales du monde de la cyberintimidation.

Puisqu'il s'agit d'un problème social, cet ouvrage con-cerne tout le monde. Les parents, les élèves, la direction de l'école, les enseignants, personne n'y échappe, tous doi-vent se sentir concernés, car pour obtenir un changement, il faut être convaincu d'avoir un certain pouvoir sur la situation. Évidemment, tant et aussi longtemps que la direction de l'école croira qu'il s'agit de la responsabilité des parents, que les parents seront assurés que c'est la faute de l'école et que les enseignants ne contribueront pas à enrayer le problème faute de temps, rien ne changera.

Les Québécois sont champions dans le jeu de la patate chaude. Tous assis en rond, la musique va bon train, la patate chaude circule et dès que la musique cesse, celui qui la tient doit aller au front, quitte à vendre son âme au diable. Les autres le regardent, soulagés de ne pas être à sa place. Est-ce cela que l'on appelle l'incapacité à se sentir concerné si ce n'est pas dans sa cour? En d'autres mots, les Québécois possèdent l'habileté extraordinaire à trouver des solutions à court terme pour faire taire le plus de gens possible et souhaiter que la prochaine patate soit dans les mains de quelqu'un d'autre.

Est-ce possible, aujourd'hui, de proposer d'aller tous au front? Et si, dès maintenant, la direction de l'école, l'enseignant, le parent et l'élève se sentaient interpellés et avaient le souci de travailler de concert. La récolte des efforts conjoints serait synonyme de résultats durables et cela ferait une différence dans l'éducation des enfants. Le matin où les adultes seront solidaires, il sera possible de demander la même chose aux enfants!

DE L'INTIMIDATION
À LA CYBERINTIMIDATION

DANS « *Bitcher* » *et intimider à l'école, c'est assez*, paru chez Béliveau Éditeur en 2010, nous avons amplement développé le sujet de l'intimidation. Elle se classe dans le harcèlement psychologique où trois éléments sont réunis : **comportement agressif répétitif** (physique ou psychologique) avec une **intention négative** (volonté de blesser), où il y a un **déséquilibre entre les forces** (dominant/dominé).

Sommes-nous surpris d'apprendre que l'intimidation commence dès la maternelle ? Très tôt, le leader négatif se démarque. Qui est-il ? Un enfant frustré, révolté, colérique, jaloux, envieux, habitué à toujours gagner, qui a peu d'estime de soi ou encore un surdoué qui s'ennuie dans un cadre scolaire uniforme et dans lequel il ne s'insère pas. C'est aussi un enfant qui reproduit la violence verbale ou physique qu'il vit ou observe à la maison.

Vous êtes tous un exemple !

Que voit votre enfant à la maison ? Comment vous y prenez-vous pour faire valoir votre point de vue ? Prenez garde à l'exemple que vous donnez !

L'intimidation s'effectue en classe lorsque l'enseignant a le dos tourné, dans les casiers où il y a peu de surveillance, dans les toilettes ou dans la cour d'école loin des surveillants. De manière générale, le bourreau utilise des endroits isolés pour effectuer ses agressions. S'agit-il d'un comportement lâche et hypocrite ? En partie, car l'intimidateur s'acharne habituellement sur :

1. *Une proie facile* (faible, sans défense et solitaire) – Nicolas est nouveau dans le quartier, il fait ses débuts à l'école au milieu d'une session, au mois de février. De tempérament introverti, il est très gêné et ne possède pas beaucoup d'habiletés sociales. Il ne sait pas comment entrer en contact avec ses nouveaux collègues, si bien qu'il devient rapidement la risée du groupe d'intimidateurs, ceux que tous craignent. Parce que Nicolas est le souffre-douleur de l'école, il se referme sur lui-même et s'isole davantage. Après quelques semaines seulement, il déteste l'école et développe des maux de ventre et de l'eczéma sur les bras. Ses parents s'inquiètent et ne savent que faire. Nicolas choisit de se taire de peur d'aggraver sa situation.

2. *Un jeune différent des autres* (physiquement ou psychologiquement) – Audrey a un problème de poids. En plus d'avoir de mauvaises habitudes alimentaires, elle mange ses émotions. Toute sa famille a un problème d'obésité, si bien qu'il s'agit d'une normalité lorsqu'ils sont entre eux. Par contre, une fois à l'école, Audrey voit bien qu'elle est différente. Il

n'en faut pas plus pour que les plus méchants s'acharnent sur elle en la traitant de grosse, de dégueulasse et de cochonne. Son sentiment de culpabilité d'être différente la pousse à s'isoler davantage. Elle mange encore davantage, son estime de soi est totalement démolie et tous les soirs elle se couche en pleurant.

3. *Celui qui représente une menace* (envie et jalousie) – Janie, une très belle adolescente de 16 ans que la nature a vraiment choyée, se fait harceler depuis son primaire. Brune aux yeux noirs, traits du visage magnifiques, son corps élancé fait envie à toutes les filles de son école. Née d'une mère québécoise et d'un père asiatique, ses yeux sont bridés. Tous les garçons se tournent sur son passage. Elle est détestée des filles de son âge si bien qu'elle se prive d'avoir un chum afin de ne pas accentuer cette haine. Depuis deux ans, elle a développé des problèmes digestifs et ne trouve plus le sommeil rapidement. Ses nuits et ses jours sont un éternel enfer. Elle vit presque recluse à l'extérieur des heures de classe. Elle n'a qu'une seule amie. Certains jours, elle déteste sa beauté.

Contrairement à la croyance populaire, le bourreau n'a aucune estime de soi et s'attaque aux faiblesses ou aux forces (non assumées) des autres. D'autres peureux (de devenir une cible) et faibles (sans caractère) se greffent à lui pour contribuer à la destruction d'une victime, ce qui forme un groupe de lâches, de frustrés et de violents. Ce sont des violents par procuration, des jeunes qui n'oseraient pas d'eux-mêmes passer à l'acte, mais qui se sentent bien dans le rôle de témoins larvaires.

Trop souvent, l'enseignant entend des énormités dans les corridors ou les casiers, entre autres, et n'intervient pas. Grave erreur de passer sous silence des paroles inacceptables. Cette inaction donne le feu vert au groupe d'intimidateurs et indique à la victime qu'elle fait bien de se taire. Selon des études tirées de *Confronting Cyber-Bullying*[1], plusieurs jeunes observent que lorsqu'ils se font crier des noms, les enseignants ne réagissent pas, car ils croient que ces insultes ne les atteignent pas. Il semble qu'ils interviennent surtout lorsqu'il y a des blessures physiques. Pour leur part, certains enseignants avouent que les jeunes sont trop sensibles et qu'ils n'ont qu'à ignorer les injures reçues. Pourtant, ils n'ont pas envie de les ignorer lorsqu'ils deviennent la cible. Sont-ils trop sensibles?

Par ailleurs, la preuve n'est plus à faire qu'ignorer ne donne rien sinon aggraver la situation. La pensée magique ici n'a pas sa place. Comment pouvons-nous croire à un changement si nous ne posons aucune action? Loufoque, n'est-ce pas? Combien de suicides faudra-t-il avant de comprendre que le mot «ignorer» ne doit pas exister lorsqu'on parle de harcèlement psychologique et menaces physiques? Ignorer quoi, au juste? D'être diminué, ridicu-

---

1. SHARIFF, Shaheen. *Confronting Cyber-Bullying*, Cambridge University Press, New York, 2009.

lisé, rabaissé, humilié ou d'être frappé? N'avons-nous pas le droit de cultiver l'amour-propre, le respect et la dignité?

Est-ce encore l'idée saugrenue qu'il nous faut tendre l'autre joue lorsqu'on se fait frapper? Expériences à l'appui, il faut réagir, agir, se respecter et se faire respecter. Se défendre ne veut pas dire frapper l'intimidateur. À la suite d'une conférence offerte à des parents, une mère avoue avoir dit à son fils de ne pas se défendre, inquiète qu'il frappe son agresseur. Elle était étonnée que son fils continue de se faire intimider. Elle me demandait que faire. J'ai simplement répondu : «Autorisez votre fils à se défendre, il en aura besoin dans sa vie adulte. Il trouvera sa manière de faire, faites-lui confiance!» Soyons conséquents dans nos interventions avec nos enfants et faisons-leur confiance. Refuser le droit à un enfant de prendre sa place est certes une grave erreur. Ne rien faire ou ne rien dire indique au bourreau qu'il peut continuer.

Il n'est pas question ici de s'épancher de manière exhaustive sur les derniers cas de suicide, mais il est à noter que la victime, comme l'adulte, ne comprend pas toujours l'intention de départ, ce qui a motivé l'intimidateur à s'acharner sur elle. Et ce qui étonne, c'est de constater que le bourreau n'arrive pas à anticiper les résultats à court ni à long termes de ses paroles ou de ses actions (Shaheen Shariff, 2009). Il suffit d'écouter l'intimidateur parler des insultes qu'il a proférées pour se rendre compte que l'anticipation d'éventuelles conséquences ne fait pas partie de son vocabulaire et encore moins de ses préoccupations.

C'est pourquoi le contenu de mes conférences regorge de cette prise de conscience que l'élève doit développer afin de pouvoir justement anticiper les possibles résultats qui découlent de ses paroles, de ses gestes, de ses écrits. Le temps est venu que l'élève développe la compétence d'anticiper, de percevoir, d'être empathique, d'être conséquent et d'assumer, car traîner sur ses jeunes épaules le poids d'un suicide est cher payé pour une blague ou une frustration mal gérée, me semble-t-il.

L'idée est excellente de sensibiliser le jeune à prévoir, mais l'enseignant, la direction d'école et la commission scolaire doivent également cesser de faire la sourde oreille et penser à s'intéresser davantage au problème. Dans l'histoire de l'intimidation, les témoins ont un rôle important à jouer aussi. Bien sûr, ils ont peur de s'impliquer et certaines études identifient trois raisons qui expliqueraient l'inaction des élèves (Shaheen Shariff, 2009)[2].

1. **La responsabilité personnelle est altérée par la présence des autres jeunes.** – Julien a assisté, malgré lui, à une agression physique dans la cour d'école. Il a voulu intervenir, puis il a regardé les autres autour. Ils étaient quinze jeunes à assister à la bagarre. Il a continué de regarder Steve qui se faisait taper dessus par trois autres gars en se disant : « Y'a bien quelqu'un qui va intervenir. Si personne ne défend Steve, c'est que c'est mieux ne pas s'aventurer. » Le soir, Julien a éprouvé des problè-

---

2.   Auteure de *Confronting Cyber-Bullying*.

mes à dormir, il se sentait mal de n'avoir rien dit, mais il se consola avec l'idée que personne n'était intervenu de toute façon.

2. **Le témoin est intimidé par la différence du pouvoir entre le groupe et l'intimidateur en plus d'avoir peur de devenir à son tour une victime.** – Marie-Pier passait par les casiers quand elle a entendu Aurélie se faire insulter par les cinq filles les plus redoutables de l'école. Il y avait un attroupement de gars et de filles qui ne disaient rien. Elle s'est arrêtée pour écouter et regarder trembler Aurélie. Même entourée des autres témoins, elle avait peur des bourreaux et s'est comptée très chanceuse de n'être pas à la place d'Aurélie. Elle est restée discrète pour ne pas que les mégères la voient.

3. **Les jeunes n'ont pas de stratégies pour faire face à la situation et choisissent de ne pas intervenir.** – Lorsque Jean-Philippe est allé à la toilette, il a bien vu que trois gars du troisième secondaire bombardaient d'insultes le nouveau du premier secondaire. Trouvant qu'il faisait pitié, Jean-Philippe a pensé prendre sa défense, mais il ne savait que faire. Il n'avait rien préparé. Fallait-il prendre la défense du nouveau ? Devait-il faire de la diversion pour changer les idées des intimidateurs en parlant de tout et de rien ? Fallait-il aller chercher un adulte ? Il ne savait que faire, alors il est reparti sans rien dire en souhaitant que le petit nouveau ne se fasse pas taper dessus.

Plusieurs jeunes ont avoué ne plus vouloir dénoncer, car lorsqu'ils l'avaient fait, ils s'étaient fait traiter de *stools* et la direction de l'école n'avait rien fait. Très peu de jeunes ont confiance de recevoir du soutien et de la sécurité s'ils s'impliquent personnellement dans un cas d'intimidation. Certains avouent l'avoir déjà fait et que rien n'a bougé après leur geste. Rien n'a avancé. Le message que les élèves reçoivent est que le fait de dénoncer ou non une situation ingrate ou inacceptable ne change rien. Très souvent, la direction de l'école n'intervient pas, car elle croit que la crise passera et que ce sont des histoires sans importance. Ou encore, elle ne sait que faire, n'a pas le temps de s'en occuper, remet la responsabilité sur le dos du parent. Parfois aussi, la direction de l'école a les pieds et les mains liés, car le parent siège sur le C.A. de l'école ou pire, elle a peur des parents souvent violents… comme leurs enfants.

J'ai entendu des histoires d'horreur lors de mes conférences dans les écoles. Par exemple, une victime que le bourreau a pointée du doigt et a fait payer cher, car la direction de l'école avait dévoilé son nom. Après ce jour, la victime a décidé de se taire en endurant les insultes et les menaces. Une direction d'école qui a peur de l'agressivité du parent de l'intimidateur et qui travaille davantage sur le comportement de la victime afin d'éviter de confronter l'intimidateur. Alors si les adultes se mettent à craindre les adultes, où se trouve la cohérence de demander aux jeunes de dénoncer? La direction de l'école a peur du parent, mais il ne faut pas que la victime craigne son bourreau. Ce n'est pas sérieux! Soyons conséquents si nous voulons que les jeunes le deviennent un jour ou l'autre.

Parlons technologie

Nombreux sont ceux qui croient que l'intimidation et la cyberintimidation doivent être traitées de la même manière. Vrai et faux. Il existe pourtant des différences notables entre les deux et les ignorer reviendrait à préférer fermer les yeux pour avancer à tâtons afin de tenter de régler quelque chose qu'on ne connaît pas.

La cyberintimidation est de l'intimidation psychologique certes, mais transmise par des moyens de communications électroniques : cellulaire, site Web, blogue, bavardoir, jeu à utilisateurs multiples et profil en ligne comme Facebook. Elle peut être verbale ou, plus souvent qu'autrement, écrite. Voici des éléments qui caractérisent la cyberintimidation et la différencie de l'intimidation :

1. **Le sentiment d'anonymat.** Le cyberintimidateur se croit protégé, seul derrière son écran, car il utilise souvent un nom fictif (un nick, un pseudo ou un nom d'usager). Alors, imaginons la scène : environnement virtuel, un élève anonyme et des écrits remplis de mensonges et de menaces. Oui, il n'est pas simple de contrer cela. – Josiane se croyait à l'abri de tout soupçon lorsqu'elle faisait parvenir des messages avec un pseudonyme, remplis de fiel contre Rosalie qui sortait avec son ex-copain. Mais lorsque la meilleure amie de Josiane l'a informée qu'il était possible pour un policier ou un hébergeur de sites Internet de retracer ses messages, elle a eu peur et s'est calmée.

2. **Un public infini.** Il ne s'agit plus d'une poignée de témoins qui assistent à une scène dans la cour d'école, mais de millions de lecteurs qui deviennent témoins de méchancetés et ont le choix de devenir des acteurs. – C'est ainsi que Pierre-Olivier s'est retrouvé à commenter négativement la page Web d'un inconnu. Sur son mur, il reçoit un message d'aller visiter un lien et de le commenter. La page en question disait : **Bienvenue sur la page où l'on s'amuse de Pierre-Jean-Jacques.** Il constate que Pierre-Jean-Jacques est, en effet, gros et son visage est rempli d'acné. Alors, il clique sur *j'aime* et voilà qu'il vient d'envoyer à tous ses amis Facebook le lien. Quelques jours plus tard, il s'est senti mal, mais il était trop tard, l'information était rendue partout.

3. **Des insultes à caractère sexuel et homophobe.** Il a été noté que beaucoup d'injures et de méchancetés retrouvées sur les réseaux sociaux étaient à connotation sexuelle, homophobe et raciale également. En effet, il est plus facile d'insulter quelqu'un si on ne le voit pas. – Chloé se fait régulièrement traiter de *slut* via Facebook simplement parce qu'elle sort avec le plus beau gars de l'école. Antoine est le meilleur sportif de l'école et toutes les filles sont jalouses de Chloé et l'intimident en ligne. Elles en profitent pour la traiter de tous les noms dégradants à caractère sexuel. Chloé est ravagée par tant d'insultes et de méchancetés et pense même à quitter Antoine (et l'école) pour avoir la paix.

4. **La permanence et la constance des messages.** Lorsque les jeunes éteignent l'ordinateur, c'est pour aller au lit avec leur cellulaire ou leur téléphone intelligent. Il est possible d'atteindre sans cesse la victime et de la harceler jour et nuit. Et même si les appareils sont éteints, lorsque la victime les ouvre, les messages sont là, faisant fi de l'heure d'envoi. Même s'il est possible d'éliminer dans le serveur maître le message haineux, les internautes qui l'ont peuvent le sauvegarder ou, pire, le relayer à d'autres. – Sous la pression de son chum, Alexandra s'était fait des caresses pendant qu'il la filmait. Mais, six mois plus tard, lorsqu'il l'a quittée pour sa meilleure amie, il a mis le petit film sur YouTube. Alexandra a été traumatisée et a fait rire d'elle par les élèves de son école, mais aussi par d'autres jeunes qu'elle ne connaît pas. Elle ne peut faire effacer tous les messages qui se promènent dans tous les serveurs. Trois ans plus tard, elle craint encore que ce message soit vu et nuise à sa recherche d'emploi à la banque de son quartier.

5. **L'absence complète de compassion.** Il est beaucoup plus facile d'insulter quelqu'un lorsqu'on ne l'a pas devant soi. Il est impossible de voir la réaction de la victime ni de ressentir ses émotions. Est-ce une des nombreuses raisons qui expliqueraient l'incapacité à anticiper les conséquences de ses gestes pour l'intimidateur? C'est possible, car il n'est pas témoin du mal qu'il fait. – Lorsque Maude a appris que

Sylvianne avait abandonné l'école, car cette dernière souffrait de son cyberharcèlement, elle a été surprise et ne comprenait pas. Maude n'avait jamais imaginé que Sylvianne avait été affectée par sa méchanceté, car sincèrement, elle voulait juste lui exprimer sa frustration de la voir si bien réussir à l'école alors qu'elle-même coulait presque tous ses cours. Maude croyait Sylvianne beaucoup plus forte, puisqu'elle avait d'excellentes notes. Ainsi, selon Maude, le problème est celui de Sylvianne, qui est faible et incapable de faire face à des frustrations.

Tout porte à croire que s'il est possible de nommer les différences entre l'intimidation et la cyberintimidation, il est plus facile d'arriver à sensibiliser le jeune à l'utilisation des technologies de façon plus saine et intelligente. L'élève est en mesure de comprendre, tout comme l'adulte d'ailleurs, les enjeux sérieux que les éléments ci-dessus véhiculent. Trop d'adultes se rebutent contre la technologie comme s'il s'agissait d'une guerre à finir contre le jeune, qui lui est né avec Internet. Le problème est justement qu'il est né à l'ère de l'ordinateur et du cellulaire, mais qui lui a enseigné comment développer de saines compétences sociales technologiques? Pour devenir médecin, il ne suffit pas de placer dans les mains d'un individu un bistouri et de l'envoyer dans une salle opératoire. Non, il doit apprendre. Cela est comparable à l'apprentissage technologique, contrairement à ce que bien des gens croient, «ça ne va pas de soi». Ça prend un minimum d'éducation, d'apprentissage et de connaissances.

Les vertus de la politesse

Selon les biologistes évolutionnaires, la politesse a fait sa place dans nos mœurs parce qu'elle permet aux gens de tisser des relations durables qui leur permettront, advenant le cas, de faire face aux mauvais coups du sort. La prospérité d'après-guerre a eu pour effet que nous avons collectivement pensé que nous n'aurions plus jamais besoin des autres et, du coup, la politesse est devenue dépassée.

Selon un sondage, les jeunes qui cyberintimident le font avec l'idée de passer leurs commentaires à leurs amis via les réseaux sociaux virtuels. Lorsqu'ils parlent contre leurs enseignants, par exemple, certains n'ont pas l'intention de blesser. Ils ne veulent et ne s'attendent pas à ce que les membres de l'école lisent leurs messages[3]. Dans ce même ordre d'idée, la plupart des élèves croient que Facebook, par exemple, est privé. Ils se voient comme étant seuls avec leurs amis virtuels et croient que personne d'autre ne peut lire leurs messages. Le sentiment d'être en «privé» vient du fait que le jeune est seul devant son ordi ou son téléphone intelligent alors qu'il s'affiche au monde entier!

---

3. SHARIFF, Shaheen. *Confronting Cyber-Bullying*, Cambridge University Press, New York, 2009.

31

Par ailleurs, est-ce que le jeune a encore le sentiment d'être en «privé» lorsqu'il crée une page Web pour humilier un élève ou un enseignant? Certains croient que oui, car elle reste, semble-t-il, dans leurs réseaux sociaux. Eh bien erreur! Le jeune doit revoir les notions de «privé» et «public». Donc, la page Web est envoyée à des contacts afin d'encourager ces derniers à écrire des méchancetés ou à voter. Un exemple très simple et de plus en plus populaire : **Bienvenue sur la page où l'on s'amuse de Pierre-Jean-Jacques.** Alors, au lieu que trente témoins rient d'une victime qu'ils ne connaissent pas en train de se faire ridiculiser ou brasser dans les casiers, eh bien ce sont des milliers et des milliers d'individus qui se paient la tête d'une personne. L'intimidation ne reste pas entre les murs de l'école, ce qui réduit les chances pour la victime de s'en sortir et surtout de connaître l'identité de ses bourreaux. Une fois envoyée dans l'univers virtuel, personne ne peut arrêter le processus de diffusion illimitée, mais il est possible de faire effacer la page qui a été créée dans le serveur du fournisseur Internet, par exemple, Facebook ou hotmail.

Une question qui vaut son pesant d'or

Vous souhaitez aider un enfant à juguler ses pulsions dans Internet? Dites-lui que, avant de peser sur *Envoyer*, il doit se demander s'il serait prêt à crier en pleine cafétéria ce qu'il vient d'écrire. Dans le doute, qu'il efface…

Afin de mieux comprendre les réseaux sociaux et autres, voici les autoroutes virtuelles de communication les plus utilisées par les jeunes :

Myspace *est un site web de réseautage social fondé aux États-Unis, en août 2003. Il met gratuitement à la disposition de ses membres enregistrés un espace web personnalisé permettant de présenter diverses informations personnelles et d'y faire un blogue, ou Web journal. Il est connu pour héberger de nombreuses pages Internet de groupes de musique et de DJ qui y entreposent et présentent leurs compositions musicales. Le site possède aussi un système de messagerie et permet d'envoyer ses photos*[4]. Les jeunes l'utilisent abondamment, même s'il perd en popularité.

Facebook *est un réseau social sur Internet permettant à toute personne possédant une adresse courriel de créer son profil et d'y publier des informations, dont elle peut contrôler la visibilité par les autres personnes, possédant ou non un compte sur le réseau. L'usage de ce réseau s'étend du simple partage d'informations d'ordre privé (par le biais de photographies, liens, textes, etc.) à la constitution de pages et de groupes visant à faire connaître des institutions, des entreprises ou des causes variées. L'intégralité des informations publiées sur ces deux supports, à l'inverse du profil, peut être consultée par n'importe quel internaute sans qu'il soit nécessaire d'ouvrir un compte (à l'exception*

---

4. Wikipedia.

cependant des noms des membres qui sont occultés en partie dans ce cas).

Le nom du site s'inspire des albums photo (« trombinoscopes » ou « facebooks » en anglais) regroupant les photos prises de tous les élèves au cours de l'année scolaire et distribués à la fin de celle-ci aux étudiants. Facebook est né à l'Université Harvard : c'était à l'origine le réseau social fermé des étudiants de cette université, avant de devenir accessible aux autres universités américaines. La vérification de la provenance de l'utilisateur se faisait alors par une vérification de l'adresse électronique de l'étudiant. Le site est ouvert à tous depuis septembre 2006.

Le 2 octobre 2008, Facebook annonce l'implantation de son siège international à Dublin, en Irlande (pour les marchés européens, africains et moyen-orientaux). Le 9 octobre 2008, Facebook annonce l'ouverture d'un bureau à Paris. En juillet 2010, Mark Zuckerberg, fondateur de Facebook, annonce sur son blogue que Facebook regroupe plus de 500 millions de membres actifs. Selon les informations officielles, ils étaient 17,2 millions en France en avril 2010 et 2 752 100 au Québec en 2008. Certaines études indiquent cependant que le nombre d'utilisateurs est surestimé. Selon Alexa Internet, c'est en 2009 le deuxième site le plus visité du monde, après Google. En mars 2011, Facebook se lance dans la vidéo à la demande (VOD)[5].

***MSN Messenger** est un service gratuit de conversation écrite ou vocale en temps réel. Cette messagerie dite instantanée est de plus en plus utilisée à travers le monde lorsque vous ne*

---

5.   Wikipedia.

pouvez être présent. Elle est plus rapide que la messagerie électronique[6].

SMS : *Sigle signifiant Short Message Service. Il s'agit de messages textes, aussi appelés texto, envoyés d'un téléphone à un autre. Les messages sont limités à 140 ou 160 caractères, ils ont engendré le langage qui porte leur nom, composé d'abréviations les plus courtes possible. Sans doute une des raisons pour lesquelles les jeunes font tant d'erreurs grammaticales!*

Le SMS est un sociolecte écrit qui modifie les caractéristiques orthographiques, voire grammaticales, d'une langue afin de réduire sa longueur, dans le but de ne pas dépasser le nombre de caractères autorisé par les messages SMS, ou dans le but d'accélérer la saisie de l'énoncé sur un clavier numérique d'un téléphone.

La réduction de la longueur des messages électroniques est apparue avec la banalisation des technologies de l'information et de la communication au cours des années 1990, et ce n'est qu'avec l'arrivée des SMS qu'une appellation lui a été associée. L'appellation «langage SMS» désigne ainsi, par extension, l'usage de ce type de langage lors d'échanges sur Internet par messagerie instantanée ou courrier électronique, sur les forums Internet et les blogues, ou encore dans les jeux en réseau. L'utilisation du langage SMS sur un autre médium qu'un clavier téléphonique est par ailleurs très controversée[7].

---

6. Idem.
7. Idem.

Quelques exemples

MDR : Mort de rire

C po grave : C'est pas grave

Dak : D'accord

Rak : Rien à faire

2k : En tout cas

Btw : By the way

Ktf : Qu'est-ce que tu fous?

Pk : Pourquoi?

Pcq : Parce que...

Piczo.com est un site avec blogue pour les adolescents surtout. Son siège social se situe à San Francisco, en Californie. La langue utilisée est majoritairement l'anglais. Peu d'informations existent pour ce site.

Doyoulookgood.com est un site qui vous permet de savoir à combien de kilomètres de chez vous habite la fille la plus pute. Comment on fait pour savoir que cette fille est une salope? C'est fort plus simple!

1. *Il est interdit de mettre «sexy», «bonita», ou tout autre mot pouvant insulter une belle fille quand vous n'êtes pas belle.*

2. *Enlève tes lunettes de soleil sur la photo. Ce n'est pas un soleil, c'est un écran d'ordi.*

3. *Dans le chat, veuillez vérifier le profil de la personne avant d'offrir de «jaser sur MSN». Si il y a une bière à côté de son nom, il y a des bonnes chances que ça soit un gars.*

4. *Si tu as plus de 30 ans, vas-t-en de ce site, t'as 30 ans là (ou plus), il serait peut-être temps que tu penses à laisser les sites de petits jeunes et te tourner vers les sites Internet de rencontres pour adultes ou mieux, vas rencontrer des gens en ville.*

5. *Tu mets ta vraie photo, parce que de toute façon, aucune personne ne va prendre le temps de trouver l'adresse exacte de ta photo sur un site porno pour l'envoyer aux administrateurs incompétents[8].*

__Twitter__ est un outil de réseau social et de microblogage qui permet à l'utilisateur d'envoyer gratuitement des messages brefs, appelés tweets («gazouillis»), par Internet, par messagerie instantanée ou par SMS. Ces messages ne doivent pas faire plus de 140 caractères.

Twitter a été créé en mars 2006 par Jack Dorsey et lancé en juillet. Le site a très rapidement gagné en popularité, jusqu'à réunir plus de 300 millions d'utilisateurs en 2011. Le siège social de Twitter se trouve à San Francisco. Il y a des serveurs et des bureaux supplémentaires à New York[9].

---

8. Extrait de desencyclopedie.wikia.com.
9. Wikipedia.

Puisque le jeune est né avec la technologie, il est compréhensible qu'il éprouve des problèmes à distinguer la réalité virtuelle de la réalité physique, étant donné qu'il vit quotidiennement dans les deux univers. C'est pourquoi ces cyberespaces lui permettent de partager des photos de lui-même et des autres, d'échanger sur leur culture, les émissions télé, les groupes musicaux, les sites Internet amusants, les amis et autres sujets. Comme s'il s'ennuyait, le jeune ne sait plus que faire et il verse dans des propos diffamatoires et des commentaires disgracieux, voire humiliants, pour sa victime.

Afin d'éliminer le plus possible la cyberintimidation, en tant que parents nous pouvons proposer d'éduquer les jeunes en dialoguant avec eux, au lieu de les laisser aller en chute libre et de ramasser les dégâts par la suite. Ces échanges les aideraient à trouver leurs propres moyens de développer l'éthique de la cybercommunication. Les parents ont la responsabilité de les informer lorsqu'ils dépassent les limites de la taquinerie et de l'envie de faire rire les autres pour tomber dans les propos diffamatoires, dans la cyberintidimation et, dans certains cas, dans le harcèlement criminel. En tant que parent, enseignant ou direction d'école, nous avons le rôle d'établir la ligne qui sépare la libre expression de la destruction d'autrui avec les conséquences que cela entraîne et qui seront traitées dans les pages suivantes.

Puisque tout le monde ou presque passe une grande partie de sa vie sur le Net, il n'est pas étonnant que le commun des mortels et davantage les jeunes croient que ces réseaux sociaux sont privés. Alors, voyons jusqu'où mènent les communications dites «privées».

À RETENIR DE CE CHAPITRE

Cinq éléments qui différencient
la cyberintimidation de l'intimidation

Le sentiment d'anonymat

Un public infini

Des insultes à caractère sexuel et homophobe

La permanence et la constance des messages

L'absence complète de compassion

IL ÉTAIT UNE FOIS...

IL était une fois, Dawn Marie Wesley, âgée de 14 ans, qui vivait à Mission, en banlieue de Vancouver, en Colombie-Britannique.

Jeune fille normale, sans histoire, qui aime la vie et qui, chaque jour, se rend à l'école et suit ses cours comme tous les enfants de son âge. Puis, trois jeunes filles de 15 et 16 ans décident de l'intimider, de s'acharner sur elle à l'école, mais aussi sur les réseaux sociaux. Dawn Marie a peur de parler de ce qu'elle vit car elle croit que sa situation sera pire, que les trois filles la détesteront davantage si quelqu'un est au courant. Jour après jour, elle se rend à l'école avec le stress et l'angoisse que les intimidatrices la frappent.

La soirée du 9 novembre 2000, Dawn Marie reçoit un message sur son téléphone : *Youre f... g dead*. Elle a cru que le lendemain, les trois filles allaient la tuer. Elle passa elle-même à l'acte. Si bien que la même soirée, son frère de 13 ans entre dans sa chambre pour lui dire que le repas est servi et il la trouve pendue. Jusqu'à ce jour, personne ne connaissait le désespoir de cette jeune fille. Dawn Marie avait laissé une note avec le nom de ses trois intimidatrices qui lui faisaient également du taxage. Les trois filles ont été accusées de harcèlement criminel et aussi d'avoir proféré des menaces.

Deux des trois cyberharceleuses ont été trouvées coupables et ont reçu des sentences d'emprisonnement suspendues. Il s'agit d'une première au Canada. L'autre fille a été acquittée. Voici un exemple authentique de la violence dont les filles sont capables.

Avec d'autres parents, la mère de Dawn Marie a fondé *Parents against violence everywhere*, P.A.V.E., pour dénoncer la violence psychologique. Elle tente toujours de donner un sens à la mort de sa fille. En plus de P.A.V.E., cette horrible histoire a donné naissance au mot *Bullycide* qui veut dire : suicide causé par l'intimidation.

La morale de l'histoire? La mort d'une adolescente causée par trois intimidatrices qui voient le reste de leur vie marqué au fer rouge par cette expérience. Il existe des conséquences sans fin aux messages insouciants et inconscients que les jeunes envoient aux autres. Il est urgent que les ados apprennent à anticiper les résultats de leurs écrits avant d'appuyer sur le bouton *Envoyer*.

Questions pour le jeune

As-tu envie de faire de la prison et d'avoir un casier judiciaire (interdiction d'aller aux États-Unis) parce que tu voulais faire une blague ou que tu n'étais pas capable de contrôler ta colère et ta frustration? As-tu envie de traîner toute ta vie le regret d'avoir commis un geste dont tu auras honte?

IL ÉTAIT
UNE DEUXIÈME FOIS...

IL était une deuxième fois, à Trois-Rivières, près de Québec, Ghyslain Raza, alors âgé de 14 ans en 2002.

Il adorait les films de la série Star Wars. Si bien que le 8 novembre de cette même année, il se filma dans un studio du séminaire Saint-Joseph en train d'imiter le personnage de Darth Maul avec un bâton et un lance-balles à tennis. Il quitta le studio et oublia sa vidéo, trop fier de sa performance.

Vers le 19 avril 2003, le propriétaire du studio d'enregistrement trouve la vidéo et décide de partager le contenu avec ses amis. Pour faire une blague, il compresse la vidéo en format WMV et la distribue via le réseau *peer-to-peer* de Kazaa sous le nom de Jackass_starwars_funny.wmv.

En deux semaines, les visites ont été tellement nombreuses que des modifications techniques comme une trame musicale et bien d'autres ont été apportées à l'enregistrement afin de rendre la scène plus vraie. Ghyslain Raza est affecté par cette mise en scène et surtout par la diffusion de cette vidéo sans son consentement. Ce qui, malgré lui, donne naissance à des entrevues et des articles dans le *New York Times*, à *CBS News* et *BBC News*, et au

Québec dans *La Presse* et *Le Nouvelliste*. On questionna les droits de la vie privée et on considéra les lois.

En juillet 2003, la famille de Ghyslain Raza dépose une poursuite pour 350 000 $ en dommages et intérêts devant la Cour supérieure du Québec contre les familles de ses collègues de classe qui ont diffusé la vidéo sur Internet sans le consentement de leur fils. L'auteur de la vidéo a souffert de mépris et de harcèlement de ses collègues et bien d'autres sur Internet. En avril 2006, la poursuite a été réglée hors cour. La somme obtenue n'a pas été divulguée.

La morale de cette histoire ? Faites attention, les jeunes, à ce que vous dites ou placez sur le Web, car vous pouvez être poursuivis en justice même si vous êtes mineurs et vos parents devront payer. Car les lois protègent les cybervictimes. En tant que parents, intéressez-vous à ce que vos enfants font sur les réseaux sociaux et parlez avec eux de cette possibilité de devoir payer pour leurs méchancetés ou leurs blagues plates. Respectez la vie privée des gens !

Question pour les parents

Avez-vous envie d'être obligés de vendre votre maison pour payer les conneries de votre enfant ? Un peu plus de communication et de supervision s'imposent.

Il était
une troisième fois...

IL était une troisième fois, en août 2009, Ashley Payne, une enseignante d'anglais de Georgie qui avait passé un été de rêve en vacances en Europe.

Elle avait même visité Dublin et le fameux *Guinness Storehouse*[10]. Pour ceux qui ne le savent pas, Guinness fabrique de la bière et il est de bon ton d'en déguster une pinte quand on visite cette grande attraction touristique.

De retour dans son pays, Ashley téléversait ses photos de voyage sur sa page Facebook, une page où elle n'avait accepté aucun parent ou élève comme amis. C'est le 27 août que la direction de l'école a reçu, envoyée d'une adresse courriel anonyme, une lettre d'un parent se déclarant indigné et désappointé par la conduite inappropriée d'Ashley. Le parent signait sa lettre en expliquant qu'il avait choisi de rester anonyme pour le bien-être de son enfant.

Dans les jours qui suivirent, Ashley fut demandée au bureau du directeur de l'école. Celui-ci lui demanda si elle avait, dans sa page Facebook, une image d'elle buvant de l'alcool. On lui donna ensuite un choix : elle pouvait offrir

---

10. http://www.guinness-storehouse.com/en/Index.aspx.

51

sa démission ou être suspendue. Son histoire a fait la une des principaux médias. Elle avait pourtant configuré son compte Facebook pour que seulement ses amis y aient accès! L'histoire n'est pas encore terminée. Ashley poursuit les autorités de l'école.

Ashley n'est pas la seule à avoir perdu son emploi à cause de sa présence en ligne. Au New Jersey, un enseignant a été suspendu après avoir communiqué ses réflexions sur sa classe difficile. Même chose pour un enseignant de Chicago qui a mis en ligne la photo, de dos, d'une élève à la coiffure bizarre. En Caroline du Nord, une enseignante a perdu son emploi pour avoir indiqué, dans son profil, qu'elle enseignait dans l'école la plus défavorisée de l'État.

Prenez garde à votre présence en ligne. Ginger d'Amico, une enseignante d'espagnol de Brownsville en Pennsylvanie, a quant à elle été suspendue parce qu'elle a eu le malheur de se présenter à un souper de filles précédant le mariage d'une amie où, en fin de soirée, un stripteaseur se présentait et passait tout près de Ginger. Une photo fut prise et placée sur la page Facebook d'une «amie». Remarquez que, dans ce cas, Ginger a poursuivi l'école et a obtenu une compensation de 10 000 $.

Dans tous ces cas, des enseignants amoureux de leur travail ont vu leur vie chamboulée par leur présence, souhaitée ou pas, dans le cyberespace.

La morale de ces histoires? Faites attention à ce que vous placer sur votre page Facebook. Rien n'est privé sur les réseaux sociaux. Des personnes à l'esprit mal tourné, il y en a partout, autant parmi les élèves que parmi les parents. De plus, si jamais vous étiez accusé de quoi que ce soit, la direction d'école n'a pas beaucoup de pardon, que les accusations soient vraies ou fausses.

LA CYBERVICTIME

L'élève

Tout porte à croire que la première victime de la cyberintimidation est l'élève, compte tenu que son réseau d'amis est vaste, que ses échanges technologiques quotidiens se comptent par milliers, que les états d'âme sont au rendez-vous. D'abord utilisés pour se garder au fait des modes, de la culture, du courant *in* en ville, les réseaux sociaux sont devenus un véhicule magnifiquement accessible et efficace pour le jeune qui étale son fiel à tout vent, entre autres.

Les éléments positifs d'une telle trouvaille qu'est Internet ont rapidement dérapé et les âmes malsaines se sont emparées d'une technologie efficace pour l'utiliser à des fins moins louables. Tout comme pour la victime d'intimidation, la cybervictime est la personne qui est différente des autres physiquement ou intellectuellement, celle qui crée – sans le vouloir – la jalousie (surtout chez les filles en ce qui a trait à la beauté physique et aux unions amoureuses), l'envie et autres sentiments négatifs. Il n'en faut pas beaucoup pour devenir une cybervictime.

Pour peu que le jeune reçoive des messages haineux, de jalousie, d'insultes, de menaces, il est victime. Et tout comme pour l'intimidation, l'élève ne doit pas se laisser faire, car l'information et la méchanceté se propagent à la vitesse grand V. Donc, de quelques centaines de lecteurs, on passera facilement à des milliers. Ne pas se laisser faire ne veut pas dire répondre, contrairement à ce qui est prôné pour la victime d'intimidation. Car, selon les statistiques, il est prouvé qu'une cybervictime qui répond à son cyberintimidateur risque de jeter de l'huile sur le feu.

La cybervictime doit en parler à un adulte, soit un parent, un ami, un directeur d'école ou un enseignant. Il est important de sauvegarder les messages. Ils pourront être utiles en cas de poursuite. Si les menaces deviennent plus insistantes, il faudra que la victime utilise des moyens concrets, que nous verrons dans le chapitre portant sur la cybersolution, afin de faire cesser les attaques.

Après avoir publié mes livres sur le *bitchage* féminin, j'ai reçu des messages fielleux de la part de femmes qui me disaient que mes écrits étaient faux, car les femmes ne sont pas pires que les hommes en matière de méchanceté, de jalousie et d'envie. Trois années plus tard, non seulement je persiste et signe avec vigueur cet état malheureux, mais une étude provenant de l'Université d'Ottawa a corroboré mes écrits. Maintenant, une autre *étude faite auprès de 3 700 adolescents montre que sur une période de deux mois 17 % des filles avouent avoir été intimidées en ligne contre 10 % des garçons*[11].

---

11. SHARIFF, Shaheen. *Confronting Cyber-Bullying*, Cambridge University Press, New York, 2009.

Selon les résultats d'un sondage CROP-CSQ mené en mars 2008 et en février 2011, 72 % des victimes de cyberintimidation sont des filles. Quelques facteurs peuvent expliquer ce pourcentage très élevé. Le fait, d'abord, qu'on trouve plus facilement sur le Web de l'intimidation à caractère sexuel et que, dans le cyberespace comme dans la vraie vie, les filles en sont plus couramment victimes. «À l'adolescence, les filles sont plus vulnérables à la cyberintimidation que les garçons, notamment parce qu'elles font moins de distinction entre l'espace public et l'espace privé», signale Shaheen Shariff, professeure au Département des études intégrées en éducation à l'Université McGill et chercheuse affiliée au Centre de recherche sur Internet et la société de l'Université Stanford. «Elles partagent donc plus facilement des informations intimes, alors que celles-ci peuvent être diffusées sans leur consentement.»

Autre facteur : on compte parmi les cyberintimidateurs un pourcentage non négligeable de filles, qui auraient tendance à s'en prendre principalement à d'autres filles. Le sondage révèle que la cyberintimidation pratiquée en groupe, notamment pour exclure une personne de ce groupe, est plus fréquente chez les filles (54 % des cas)[12].

Lors de l'entrevue réalisée avec M. Franscesco Secondi, chef de section des crimes technologiques du SPVM (Service de police de la Ville de Montréal), la fameuse question a été soulevée à savoir si les garçons et les filles

---

12. LACHANCE, Marie. *Ces filles qu'on cyberintimide*, Gazette des femmes, 15 novembre 2011. Consulté en janvier 2012.

étaient autant victimes. Malheureusement, monsieur Secondi avoue non seulement que les filles sont davantage victimes, mais qu'elles reçoivent des messages d'insultes encore plus virulents qui font souvent frissonner. Et ces méchancetés proviennent de filles.

Les raisons pour devenir une cybervictime sont nombreuses et souvent il est difficile de connaître le motif réel. Il peut s'agir d'une élève différente des autres, mais elle est souvent membre d'un groupe d'amies et s'est livrée à de grandes confidences. Puisque, comme bien d'autres choses, la durée de vie d'une amitié est précaire, en quelques jours, la jeune fille bien intégrée dans un groupe peut devenir l'ennemie jurée de tout le groupe. Puis suivent les élèves de l'école et les cyberamis à travers la province et ailleurs. La raison du rejet est souvent nébuleuse, peut-être que la jeune fille a dit ou fait quelque chose qui a déplu à la leader du groupe. Qui sait?

En plus de subir des insultes dans la cour d'école et du mépris, lorsqu'elle rentre à la maison, elle est encore traquée. Si bien que la violence psychologique ne trouve aucune fin, aucun répit. C'est ainsi que certaines victimes ont décidé de mettre fin à leurs jours, parce qu'elles ne voyaient aucune issue possible. Pourtant, il existe des solutions. Il ne faut surtout pas poser un geste permanent pour un problème temporaire.

À la suite du rejet, il n'est pas rare que la victime voie les secrets qu'elle avait confiés tournés en ridicule en plus de voir des mensonges ajoutés à la vérité. Les raisons du cyberharcèlement féminin diffèrent légèrement de celui des garçons. Si la jalousie, la vengeance, la méchanceté simple et l'insouciance (manque de considération) sont à l'origine des agressions virtuelles féminines, le harcèlement masculin repose souvent sur les différences physiques et psychologiques également, mais surtout sur l'homophobie.

Le caractère à tendance virile des garçons fait en sorte que les plus agressifs, machos ou possédant une étroitesse d'esprit – souvent reliée à l'éducation familiale – sont ceux qui supportent très mal un jeune qui ne s'adonne pas aux sports et ne démontre pas un intérêt indéfectible pour les filles. Si un garçon démontre d'autres intérêts que la norme acceptée, s'il est plus doux, plus délicat, moins rustre ou plus sensible, il deviendra rapidement une proie sur laquelle on se ruera. Si bien que l'orientation sexuelle réelle ou fictive d'un adolescent est suffisante pour qu'il soit cyberharcelé.

Selon monsieur Secondi, responsable de faire analyser les plaintes reçues au SPVM, les garçons se font cyberintimider moins longtemps et moins férocement que les filles. «Les garçons se font écœurer pendant un certain temps, puis les bourreaux se fatiguent et passent à autre chose. Les filles entre elles sont capables de méchancetés qui déconcertent, certains messages sont simplement épouvantables, on n'en revient pas. Elles sont beaucoup plus persistantes, haineuses et méchantes dans leurs attaques.»

Un fait demeure, garçons ou filles, le stress que les cybervictimes subissent affecte le développement du cerveau. Des chercheurs américains en neurologie ont découvert que le stress permanent subi chez l'être humain, mais davantage chez les bébés et les jeunes, crée une décharge d'adrénaline et de cortisol très élevée, ce qui affecte le développement du cerveau et a un lien direct au niveau du centre du plaisir. Cela explique l'état dépressif des victimes même une fois rendues à l'âge adulte.

Des conséquences sans fin

Cela sous-entend que le cyberharcelé se développera moins vite et moins bien que ses pairs laissés en paix. Peut-on accepter cela dans un pays dit civilisé ?

Une chercheuse de l'Université d'Ottawa a observé, lors de ses travaux, que la dépression peut être liée à l'hippocampe (partie du cerveau impliquée dans la mémoire) plus petit que la moyenne. Cela pourrait expliquer que les cyberintimidés ont de mauvaises notes à l'école. De plus, des expériences faites sur des animaux ont révélé qu'un stress chronique élevé peut tuer des cellules au cerveau. Voici de nombreuses preuves pour nous convaincre d'agir rapidement et de concert.

À l'époque, alors que l'intimidation trouvait racine dans le face-à-face, elle donnait naissance à des maladies physiques chez les victimes. Aujourd'hui, il n'y a plus de repos pour les cyberintimidés… la maison ou l'école, c'est pareil. Le stress est permanent, en continu comme un immense cauchemar sans fin. Une psychologue de l'Université d'Ottawa a révélé qu'au-delà de la perte de l'estime de soi chez la victime, la cyberintimidation peut occasionner des déficits cognitifs et des problèmes de santé mentale. Et pour cause, si le jeune victime d'intimidation voyait d'où venaient les attaques et connaissait son bourreau, aujourd'hui, avec l'anonymat que procurent les réseaux sociaux, la cybervictime n'a aucune idée de qui sont ses agresseurs. C'est peut-être ceux qui lui disent bonjour tous les matins à l'école. Qui sait?

N'est-ce pas suffisant pour développer une forme de paranoïa? La cybervictime se questionne en permanence : en qui puis-je avoir confiance? Qui me veut du mal? Pour quelles raisons? Combien sont-ils à se payer ma tête? Que puis-je faire? Dois-je en parler à quelqu'un? Est-ce que ça sera pire? Sur combien de réseaux sociaux parle-t-on de moi? Est-ce que toute la planète sait qui je suis?

Comment croire qu'avec tous ces tourments, un enfant puisse fonctionner sainement à l'école, être heureux et développer une estime de soi à toute épreuve? Alors que l'adolescence est une étape charnière dans la vie d'un enfant, que le besoin de créer une relation de groupe avec ses pairs est à son apogée, il va de soi que l'absence de ce lien affaiblie l'élève. Ajoutons à cela du cyberharcèlement et voilà un cocktail parfait pour empêcher le développement équilibré d'un ado.

Voici les conséquences sur sa vie. L'élève…

- perd confiance en ses pairs, en la vie;

- perd l'estime de soi;

- perd l'appétit et tombe dans un état dépressif;

- déverse dans un état dépressif, s'isole davantage;

- développe des maladies physique et psychologique.

Qu'attendons-nous pour réagir?

L'enseignant

Il n'y a pas que l'élève qui subit de la cyberintimidation, l'enseignant apparaît maintenant sur la liste des victimes. Le but premier de l'intimidateur est d'isoler et d'exclure un individu de ses pairs, mais aussi de lui faire parvenir des attaques pour l'affaiblir, pour se venger ou pour simplement s'amuser.

Dans ce cas-ci, l'ado cherche à se venger de l'enseignant qu'il n'aime pas ou contre qui il nourrit des frustrations pour diverses raisons. Par exemple, la face de l'enseignant ne lui revient pas. Ce dernier lui a donné une mauvaise note ou l'a repris en classe devant tout le monde. Il l'a retiré du cours ou lui a parlé de manière sèche. Peu importe la raison, mais on imagine très mal un élève se payer la tête d'un adulte qu'il affectionne beaucoup. Le malaise s'étend comme une traînée de poudre à savoir qu'un jeune a une mauvaise expérience avec un enseignant et voilà que tous les élèves de l'école le détestent également. Plusieurs parmi eux ne savent même pas qui est l'enseignant. Une fois que l'on a admis que leur mode de fonctionnement s'apparente à celui d'un troupeau de moutons, une gang de suiveux, le problème n'est pas réglé pour autant.

Prenons l'exemple des jeunes de la polyvalente de Saint-Jérôme dans les Laurentides[13]. Une poignée d'élèves ont ouvert le bal et une centaine de jeunes d'autres écoles ont emboîté le pas. La plupart des élèves qui fournissaient des messages de haine ne connaissaient même pas les enseignants visés. Résultat? Quelqu'un s'est inquiété des propos tenus sur le Net, il a fait parvenir les messages au SPVM. Après l'analyse des écrits quant à un plan pour exécuter des enseignants, les policiers du secteur sont intervenus. Suspension de l'école pour certains jeunes, entrevues télévisées, et toujours aucune leçon tirée. Les élèves interviewés se sont moqués des enseignants en les traitant de peureux – car c'était une blague –, ils ont trouvé que la direction de l'école était allée trop loin en les suspendant, puisque la punition était beaucoup trop grande pour le petit geste comique posé. Donc, tout le monde est fautif sauf eux! Où est l'apprentissage dans cette expérience? Niet!

---

13. Ces évènements sont survenus à l'automne 2011 dans les Laurentides.

Ont-ils compris la gravité de leurs écrits? Pas du tout! L'autre élève qu'on a changé d'école a-t-il appris à gérer son agressivité, son désaccord avec les enseignants, les conflits personnels? Non plus! Aujourd'hui, un autre enseignant dans une autre école le craint probablement, c'est tout. Le problème a été déplacé, il a été pelleté dans la cour d'une autre école. En d'autres mots, la fameuse patate chaude se trouve dans les mains d'une autre direction d'école. Et voilà, le problème est temporairement réglé et tout le monde est content.

L'enseignant n'a aucune protection contre les attaques virtuelles des élèves. Non seulement il risque des insultes et des menaces sur les réseaux sociaux s'il ne marche pas dans les sillons que le jeune a tracés, mais en plus, il peut être ridiculisé après avoir été filmé alors qu'il donnait son cours.

Étude menée en 2011 au Royaume-Uni

À l'Université Plymouth, sur 400 enseignants interrogés, 35 % ont avoué avoir été victimes de cyberintimidation ou connaître quelqu'un qui l'avait été. Le plus troublant est que les insultes venaient des parents à 26 %[a].

(a) OPPENHEIM, Richard. *Are Teachers Being Cyber Bullied?*, California Business Litigation Glog, 18 novembre 2011. Consulté en janvier 2012.

LaPresse.ca a créé une série sur les enseignants cyber-intimidés. Les découvertes sont consternantes et inquiétantes. Il existe maintenant des sites Internet où l'élève peut évaluer son enseignant dont le plus populaire est *Rate my Teacher*. Malheureusement, ce site regorge de commentaires racistes, homophobes. C'est ainsi que des rumeurs partent concernant l'orientation sexuelle d'un enseignant. Plusieurs se sont vu accusés de pédophilie à tort. Il suffit d'un élève pour démarrer la machine et c'est parti, des milliers de jeunes peuvent par la suite transmettre l'information à tous leurs contacts simplement en appuyant sur le bouton *J'aime*.

Cyberbaiting nouvelle mode très dangereuse

Une manière extrêmement pernicieuse de cyberharceler un enseignant est lorsqu'un élève s'acharne sur lui en classe jusqu'à ce qu'il perde le contrôle de ses paroles (péter les plombs). Un autre élève le filme à son insu pendant qu'il déverse son exaspération devant toute la classe. La vidéo est placée sur YouTube et voilà, l'enseignant passe pour hystérique et risque de perdre son emploi.

Par ailleurs, avec les logiciels de traitement de photos, les jeunes sont en mesure maintenant de modifier les images captées avec leur cellulaire, ce qui ridiculise davantage l'enseignant et le place, faut-il l'ajouter, dans une situation tout à fait dévalorisante, mensongère et dégradante.

L'Ordre des enseignantes et des enseignants de l'Ontario (OEEO) est arrivé à la conclusion que près de 85 % des 1 000 membres interviewés avaient déjà été cyberintimidés.

C'est énorme. Malheureusement, même au Québec et de manière générale, la direction de l'école ne s'implique pas et ne prend pas les mesures nécessaires pour protéger son personnel. De l'extérieur, cela donne l'impression qu'elle préfère voir l'enseignant partir en congé de maladie plutôt que de tenter toute forme de prévention. Bien que cela semble moins compliqué, le jeu de l'autruche coûte très cher en salaire.

Une ressource rare

Un enseignant qui part en congé pour épuisement professionnel, c'est grave. Or, une étude réalisée en 2003 a démontré que, dans les écoles défavorisées de Montréal, 70 % du personnel est peu ou pas résilient. Permettez la cyberintimidation et vous perdrez combien d'enseignants ?

Pour leur part, les syndicats d'enseignants réagissent, tels la Fédération canadienne des enseignantes et des enseignants (FCE), en prenant au sérieux la cyberintimidation et en instaurant un plan d'action. Quant à la Centrale des syndicats du Québec (CSQ), elle a fait préparer un rapport de recherche afin de déterminer l'ampleur des dégâts qu'a occasionnés la cyberintimidation.

Plusieurs centaines de vidéos sur YouTube

Aux États-Unis, des centaines et des centaines de vidéos sont placées sur YouTube par des élèves qui détestent leurs enseignants. Ils tiennent des propos d'une telle haine, c'est inhumain. Le pire, c'est que les parents aussi émettent leurs commentaires fielleux ou créent eux-mêmes une vidéo contre l'enseignant. Cette pratique est déjà arrivée au Québec... prenez garde!

Il serait bien de voir le jour où les commissions scolaires se lèveront pour soutenir et protéger leurs enseignants en établissant, comme plusieurs écoles privées, un protocole qui interdit les cellulaires en classe et sur le terrain de l'école. Le parent doit signer cette entente qui protège le personnel de l'école et, par le fait même, les autres élèves. Ainsi, tout le monde est au courant et sait à quoi s'attendre, même les jeunes. N'est-ce pas simple, ça?

Mais, pour l'instant, l'enseignant est devenu une proie facile pour des jeunes en manque de conscience et d'éducation morale et sociale. Voici un guide créé par Facebook pour aider l'enseignant :

http://www.facebook.com/safety.

Ce qui nous amène à dresser le profil du cyberintimidateur et la façon dont il s'y prend pour rendre ses victimes malades.

‒ ‒ ‒ ‒ ‒ ‒ ‒ ‒ ‒

À RETENIR DE CE CHAPITRE

❖ La cybervictime est la personne qui est différente des autres physiquement ou intellectuellement, celle qui crée – sans le vouloir – la jalousie (surtout chez les filles en ce qui a trait à la beauté physique et aux unions amoureuses), l'envie et autres sentiments négatifs.

❖ Si la jalousie, la vengeance, la méchanceté simple et l'insouciance (manque de considération) sont à l'origine des agressions virtuelles féminines, le harcèlement masculin repose souvent sur les différences physiques et psychologiques également, mais surtout sur l'homophobie.

❖ Les professeurs sont tout aussi susceptibles d'être cyberdiffamés que leurs élèves.

‒ ‒ ‒ ‒ ‒ ‒ ‒ ‒ ‒

LE CYBERINTIMIDATEUR

Un ex-ami

Il n'est pas rare d'observer, surtout chez les filles, que la cyberintimidatrice est une ex-amie. Les groupes d'amies fonctionnent bien tant et aussi longtemps que la leader garde la mainmise sur la gang. Mais qu'arrive-t-il lorsqu'une des membres du groupe commet un impair, s'affirme ou décide de délaisser la gang? Le groupe se tourne contre elle. C'est ce qui est arrivé à Geneviève. Elle est sortie avec un garçon qui plaisait à Jessica, une fille de la gang. Pascale, la chef du groupe, a monté tout le monde contre Geneviève. Celle-ci recevait des messages haineux remplis de menaces. Le groupe de filles s'est acharné sur elle tant et aussi longtemps que Geneviève n'a pas mis fin à sa relation. Le cyberharcèlement a cessé, mais Geneviève n'a pas regagné les rangs du groupe pour autant.

Le cyberintimidateur se croit à l'abri des conséquences de ses écrits dans son sous-sol ou dans sa chambre à coucher. Il a l'impression d'être libre de s'exprimer, car il a un clavier et qu'il est seul. Voici un bel exemple du sentiment d'anonymat dont il était question précédemment. Il se dit que personne ne le saura. Il est si facile d'injurier une victime via les réseaux sociaux, car la démarche est instantanée. Du coup, lorsque le cyberbourreau s'enrage contre quelqu'un, la méchanceté de ses écrits devient sans limites, car il ne prend pas le temps de réfléchir et de prendre du recul.

Selon monsieur Secondi du SPVM : «Lorsque le message est envoyé, il est trop tard pour corriger le tir et même des excuses ne suffisent pas à effacer les dommages commis.» Il poursuit en disant : «On doit changer la culture des gens qui utilisent les médias sociaux. Ils banalisent beaucoup trop leurs paroles, leurs gestes. Lorsque des messages sont envoyés à la Section des crimes technologiques du SPVM, nous n'avons pas le choix de prendre ces menaces au sérieux. Comme dans le cas de Saint-Jérôme, les jeunes n'ont pas compris le sérieux de leurs propos. Imaginez si un élève dans le groupe avait pris ça au sérieux, il serait passé à l'acte. Nous ne pouvons pas courir ce risque, nous devons agir. Nous ne connaissons pas le sérieux de chaque internaute.»

En effet, le cyberintimidateur confirme lui-même que ses menaces ne sont qu'une blague et que la victime les prend beaucoup trop au sérieux. Facile à dire une fois que le bourreau est pris au piège. Il n'a pas conscience du mal qu'il fait, car pour certains, le cyberespace n'est qu'une blague et est lié aux jeux et au monde fantastique. Pourtant, il doit comprendre que ses insultes, ses menaces et sa haine sont ni plus ni moins de la cyberviolence.

Comme pour l'intimidation, le cyberbourreau cherche à contrôler et à manipuler sa cybervictime. Il s'agit là d'un abus de pouvoir avec la volonté – consciente ou non – de détruire, d'affaiblir ou de neutraliser complètement sa proie. Dans certains cas, le cyberintimidateur désire savoir son souffre-douleur se languir et gémir afin qu'il paie pour la souffrance qu'il lui a occasionnée. Voici certaines conséquences sur la vie du cyberintimidateur : sa réalité est déformée, il manipule et domine davantage d'une fois à l'autre, il a de fortes chances de verser dans le crime organisé une fois rendu adulte et, à la longue, il risque de développer des problèmes psychologiques.

Pour sa part, le ministère de la Sécurité publique du Québec a relevé dans un bulletin sur la cyberintimidation les différentes manières de cyberintimider.

1. *Créer un site diffamatoire où on insulte et humilie une organisation ou quelqu'un en particulier (ex. : peut figurer le nom et la photo de la personne et on demande aux internautes de laisser des commentaires haineux);*

2. *Faire circuler des propos haineux liés aux orientations sexuelles, à la religion ou au racisme à propos de quelqu'un par l'entremise des messageries instantanées, des sites Web, des messages textes (SMS), des courriels, etc.;*

3. *Écrire des commentaires désobligeants, haineux sur le blogue de quelqu'un;*

4. *Rendre accessibles ou diffuser des photos embarrassantes dans Internet;*

5. *Encourager l'envoi de messages électroniques hostiles à une personne (ex. : une personne distribue l'adresse courriel de quelqu'un et demande qu'on lui envoie des insultes);*

6. *Subtiliser l'identité de quelqu'un pour inscrire de faux messages sur des sites particuliers (ex. : annoncer l'homosexualité de quelqu'un sur des forums de discussion);*

7. *Mettre en ligne des photos ou des vidéos de nature privée après une rupture amoureuse;*

8. *Envoyer des insultes ou des menaces directement à la personne par courriel, messagerie instantanée ou messagerie texte. Ces insultes ou menaces peuvent être envoyées en utilisant une fausse identité ou le mot de passe de quelqu'un d'autre[14].*

Cette liste, très complète, démontre clairement de quelle façon le cyberintimidateur s'y prend pour intimider et permet à la cybervictime d'être confortée dans l'intuition qu'elle a d'être intimidée, que ce n'est pas seulement une blague qu'on lui fait. Maintenant, les raisons d'une telle méchanceté varient selon chaque individu.

Pourtant, tout comme pour l'intimidation, le manque d'estime de soi serait à l'origine de tant de malaise intérieur. L'incapacité à gérer ses émotions, ses frustrations et

---

14. Ministère de la Sécurité publique du Québec. *La cyberintimidation et le cyberharcèlement*, décembre 2009, page 4. Consulté en janvier 2012. Bulletin_statistique_cyberintimidation_cyberharcelement.pdf.

ses états d'âme pousse un jeune à vouloir en détruire un autre. Il s'agit d'une colère ou d'une frustration incontrôlées et le jeune doit en rabaisser un autre pour se valoriser ou croire qu'il se sent mieux. Par contre, il s'agit parfois d'exemples ou de modèles transmis par les parents et valorisés par ces derniers. À ce titre, des études de cas démontrent que non seulement le parent encourage son enfant à cyberintimider, mais qu'en plus il s'adonne à cette activité pour l'aider à se venger. Où va-t-on?

Un parent

J'ai entendu souvent un élève déclarer devant tous que son père lui a dit de frapper si quelqu'un l'écœurait à l'école. Ce que le jeune a fait et, le soir venu, son père l'a félicité. Un autre élève avoue que sa mère a rencontré la direction de l'école et leur a fait peur, car un enseignant l'avait mis en retenue. En partant seulement de ces deux exemples, très ordinaires et courants, il n'est pas étonnant d'apprendre que plusieurs parents se mêlent de manière malsaine et agressive des problèmes de leurs enfants.

Imaginons qu'une mère prenne le clavier pour insulter une collègue de classe de sa fille. C'est ce qui est arrivé à Natasha. Monique, la mère d'Audrey, a pris le clavier tous les soirs en empruntant le mot de passe de sa fille pour insulter Natasha. Monique la traitait de putain, de traînée car elle sortait avec un garçon qui intéressait sa fille. Sans savoir si le garçon en question était intéressé par sa fille, la mère a envoyé durant deux semaines ses injures à Natasha.

C'est finalement Audrey qui a avoué la méchanceté de sa mère.

Il s'agit là d'un exemple mordant de transfert de frustrations. Possiblement que Monique s'en donnait à cœur joie en évacuant sa propre colère qui n'avait rien à voir avec l'ex-amie de sa fille. Ou encore, elle n'était pas capable de voir sa fille traverser une période difficile, qui reviendra assurément à l'âge adulte. En partant de cette histoire, comment demander à un enfant de gérer ses émotions et ses inconforts quand un parent agit de la sorte ? Si le parent savait le tort qu'il fait à son enfant en voulant lui éviter de gérer ses contrariétés lorsqu'il est jeune, il ferait autrement, c'est certain.

Il serait très intéressant de connaître les statistiques concernant les jeunes qui reçoivent des messages fielleux en provenance de parents agressifs et violents dans leur propos. Plusieurs cyberintimidés ne sauront jamais d'où proviennent les messages haineux qu'ils reçoivent.

Lorsque le parent intimide l'enseignant

En plus d'intimider un jeune, le parent participe activement avec des propos méchants aux vidéos remplies d'insultes contre l'enseignant de son enfant qui sont ensuite placées sur YouTube. A-t-on besoin d'ajouter autre chose ?

Au lieu de montrer l'exemple de vengeance à son enfant, le parent devrait apprendre à discuter avec lui pour l'aider à gérer ses émotions et surtout lui faire comprendre que les désagréments font partie de la vie au lieu de l'encourager à détruire lorsque ça ne roule pas à son goût. De plus, comment demander à un enfant de respecter son enseignant lorsque le parent se permet de lui écrire des injures et des insultes ?

Un inconnu

Les autoroutes virtuelles permettent de diffuser l'information à une vitesse folle et à un nombre inestimable d'internautes à travers le monde. C'est ainsi que de purs inconnus reçoivent des messages qui, en principe, ne les concernent pas. En appuyant sur *J'aime,* le tour est joué et tous les contacts de ce pur inconnu ont accès aux messages d'injures.

Plus il y a d'inconnus qui commentent les messages haineux reçus, plus la chaîne s'allonge et les dommages deviennent irrécupérables. Si la cyberintimidation débute par des ex-amis ou des connaissances, la suite des événements se déroule entre les mains d'étrangers. Des gens qui n'ont rien à faire de leur vie, semble-t-il. Des suiveux, des jeunes et des adultes aussi qui ne pensent pas avant de répondre, avant d'ajouter des méchancetés, avant de cliquer sur le bouton *J'aime.*

À RETENIR DE CE CHAPITRE

Le cyberintimidateur n'a pas de visage. Il est mésadapté et il n'est pas toujours conscient des dommages qu'il peut provoquer. En conséquence, il faut l'identifier le plus rapidement possible et lui permettre de développer des comportements sociaux plus acceptables.

LA CYBERSOLUTION

NOUS parlons beaucoup des méfaits de la cyberintimidation et du cyberharcèlement, mais très peu des lois qui protègent les victimes. Si les lois étaient davantage utilisées, il semble que cela refrénerait les cyberintimidateurs. Le mot se passerait. Les cas de poursuite resteraient dans les annales et on y réfléchirait à deux fois avant d'envoyer dans le cyberespace des cruautés et des menaces.

Reprises d'un document de l'excellent site Internet Réseau Éducation-Médias, voici des informations judicieuses et extrêmement complètes sur la cyberintimidation : droits et responsabilités.

En lisant ce qui suit, pensez à vos agissements et à ceux des vôtres. Le petit geste que vous posez machinalement et qui vous semble peut-être anodin pourrait avoir des conséquences dont vous ne vous doutez même pas. Réfléchissez !

Droit pénal : harcèlement et libelle diffamatoire

Le harcèlement criminel constitue une infraction au Code criminel. Il consiste en des communications faites avec l'intention de créer chez une personne des raisons de craindre pour sa vie ou la vie des autres. Il peut également prendre la forme d'une «poursuite», où la fréquence des attaques, plus que le contenu, inspire un sentiment de peur.

Le libelle diffamatoire constitue une infraction au Code criminel. Il consiste en des communications pouvant porter de sérieux préjudices à la réputation d'une personne. [...]

Droit civil : diffamation

En droit civil, la diffamation représente le fait de communiquer une fausse déclaration (qui ne doit pas nécessairement être formulée en mots, mais peut aisément être une image, une narration, etc.) qui portera atteinte à la réputation d'une autre personne. Elle doit avoir une cible claire et évidente, et être accessible par une ou plusieurs personnes autres que la personne faisant la déclaration et la personne cible. En règle générale, la diffamation verbale ou transitoire est désignée sous le terme de diffamation, tandis que la diffamation écrite ou permanente est désignée sous le terme de libelle. Les deux peuvent mener à des poursuites de la part de la cible. [...]

La loi

Selon la situation, la cyberintimidation peut être assujettie au droit civil ou au droit pénal.

Le *droit civil* est la branche de la loi traitant des droits de propriété, de la dignité de la personne et de la protection contre les préjudices. Dans le droit civil, il existe trois approches en matière de cyberintimidation :

1) Un cyber-intimidateur peut se livrer à des actes de diffamation. Ceci est vrai lorsque celui-ci porte préjudice à la réputation d'une personne par la propagation de fausses informations au sujet de cette dernière. En règle générale, la diffamation apparaissant de façon temporaire (un discours non enregistré, une retransmission en direct) est désignée sous le terme de diffamation verbale et la diffamation apparaissant de façon permanente (un livre, un site Web) est désignée sous le terme de libelle.

Afin d'être considéré comme un libelle, un énoncé doit : 1) porter préjudice à la réputation d'une personne, 2) avoir une cible claire et évidente et 3) avoir été vu par des personnes autres que la personne ayant fait l'énoncé et la personne cible. Dans le cas d'un libelle, la cible peut poursuivre la personne ayant fait l'énoncé qui (si la poursuite est reçue) aura à lui payer des dommages (en argent).

Une personne accusée de libelle peut se défendre en arguant que l'énoncé était vrai, qu'il s'agissait d'un commentaire juste (d'une critique authentique, non d'une attaque personnelle) ou de la reproduction de bonne foi d'un énoncé sans savoir ce qu'il était.

2) Un cyberintimidateur peut créer un milieu non sécuritaire en faisant en sorte que la cible ait l'impression qu'il ou elle ne peut aller à l'école sans être l'objet de violence, de moqueries ou d'exclusion. Les écoles ou les milieux de travail

ont le devoir d'offrir la sécurité à leurs élèves et employés, et se doivent de prendre les mesures pertinentes pour qu'il en soit ainsi.

Une école peut donc punir un élève pour un comportement en ligne qui porte atteinte à la sécurité ressentie à l'école par les autres élèves. En Ontario, la Loi sur la sécurité dans les écoles a été modifiée afin d'inclure expressément le comportement en ligne : les élèves peuvent maintenant être suspendus ou expulsés pour cause de cyberintimidation, et cela, même si les actes sont perpétrés à l'extérieur de l'école.

Une école ou un milieu de travail ne mettant pas tout en œuvre pour offrir un milieu sécuritaire peut faire l'objet de poursuites par la(les) cible(s). Même si un énoncé n'est pas un libelle, le fait de le propager peut quand même créer un milieu non sécuritaire.

3)   En dernier lieu, une personne est tenue responsable de toute conséquence qu'elle aurait pu raisonnablement prévoir. De ce fait, un cyberintimidateur suggérant qu'un élève dépressif devrait s'enlever la vie pourrait être tenu responsable si l'élève en question passait effectivement à l'acte, pour peu que le cyberintimidateur ait eu des raisons de croire que la situation pouvait se produire.

Le droit pénal est la branche de la loi qui détermine quelles actions sont des crimes contre l'État. Dans le droit pénal, il existe deux approches en matière de cyberintimidation :

1. Selon le Code criminel, le harcèlement est considéré comme un crime. On parle de harcèlement lorsque ce

qu'on dit ou fait porte une personne à croire qu'elle est en danger ou que d'autres le sont. Même si l'intention n'était pas d'effrayer une personne, si cette personne se sent menacée, on peut être accusé de harcèlement. Le harcèlement criminel est punissable de 10 ans de prison maximum.

2. *Selon le Code criminel, le libelle diffamatoire est considéré comme un crime. Il est plus souvent traité comme un crime si l'énoncé diffamatoire est dirigé contre une personne occupant un poste d'autorité et si cet énoncé peut porter de graves préjudices à sa réputation. Le libelle diffamatoire est punissable de cinq ans de prison maximum.*

L'article 2 de la Charte des droits et libertés garantit la liberté d'expression. Toutefois, ce droit ne peut être « restreint que par une règle de droit, dans des limites qui soient raisonnables et dont la justification puisse se démontrer dans le cadre d'une société libre et démocratique » et, dans le cas de la cyberintimidation, doit être évalué selon l'article 7 qui garantit le « droit à la vie, à la liberté et à la sécurité de sa personne ». En règle générale, l'article 2 de la Charte n'a pas été reçu à titre de défense dans les cas d'intimidation civile ou criminelle[15].

---

15. Réseau Éducation-Médias. *La cyberintimidation et la loi*, 2008. Consulté en janvier 2012.
http://www.media-awareness.ca/francais/ressources/educatif/activities/secondaire_general/cyberintimidation/upload/Cyberintimidation_et_la_loi_3eme_secondaire_au_cegep-2.pdf
© 2012 Le Réseau Éducation Médias, Ottawa, Canada, LA CYBER-INTIMIDATION ET LA LOI, http://www.media-awareness.ca, reproduit avec permission.

Afin d'en connaître davantage, voici un document très utile pour le parent, l'enseignant, la direction d'école et la commission scolaire :

Cyberintimidation_et_la_loi_1re_et_2eme.pdf

Avant d'utiliser ou de télécharger ce matériel, il est important de contacter Réseau Éducation-Médias afin d'obtenir leur autorisation.

De plus, comme le rapporte le document *La cyberintimidation et le cyberharcèlement*, selon le Code criminel canadien, les contrevenants s'exposent aux accusations suivantes :

❖ **Diffamation (art. 301) :** *Quiconque publie un libelle diffamatoire est coupable d'un acte criminel et passible d'un emprisonnement maximal de deux ans (L'article 300 souligne que la peine maximale est portée à 5 ans si l'auteur du libelle sait qu'il est faux).*

Exemple : Porter atteinte à la réputation d'une personne en utilisant des technologies d'Internet telles que des sites Web en colportant des rumeurs sur celle-ci.

❖ **Extorsion (art. 346(1)) :** *Commet une extorsion quiconque, sans justification ou excuse raisonnable et avec l'intention d'obtenir quelque chose, par menaces, accusations ou violence, induit ou tente d'induire une personne, que ce soit ou non la personne menacée ou accusée, ou celle contre qui la violence est exercée, à accomplir ou à faire accomplir quelque chose.*

Exemple : Envoyer des courriels menaçants à des personnes pour obtenir des objets de valeur.

❖ *Harcèlement criminel (art. 264(1))* : *Il est interdit, sauf autorisation légitime, d'agir à l'égard d'une personne sachant qu'elle se sent harcelée ou sans se soucier de ce qu'elle se sente harcelée si l'acte en question a pour effet de lui faire raisonnablement craindre – compte tenu du contexte – pour sa sécurité ou celle d'une de ses connaissances.*

Exemple : Utiliser les technologies d'Internet pour communiquer de façon répétée avec une personne afin qu'elle se sente harcelée.

❖ *Faux messages (art. 372(1))* : *Est coupable d'un acte criminel et passible d'un emprisonnement maximal de deux ans quiconque, avec l'intention de nuire à quelqu'un ou de l'alarmer, transmet ou fait en sorte ou obtient que soit transmis, par lettre, télégramme, téléphone, câble, radio ou autrement, des renseignements qu'il sait être faux (Les paragraphes 372(2) et 372(3) ne visent que les appels téléphoniques).*

Exemple : Transmettre de faux renseignements dans l'intention de nuire à quelqu'un à l'aide d'un système de messageries électroniques tel que le courriel.

À noter que la Charte québécoise des droits et libertés de la personne contient également certains articles pouvant être évoqués dans certains cas de cyberintimidation. Par exemple, selon l'article 4, toute personne a droit à la sauvegarde de sa dignité, de son honneur et de sa réputation. De même, la Charte alloue une protection à tous les citoyens du Québec contre le harcèlement discriminatoire, c'est-à-dire selon les caractéristiques énumérées à l'article 10, telles que la race, la couleur, le sexe, la langue, l'état civil, etc.[16]

Il s'agit d'informations tirées de documents très pertinents, mais surtout complets, qui permettent de mieux comprendre les limites entre la liberté d'expression et les attaques en ligne.

> Vous portez préjudice à un prof sur une base régulière. Ça pourrait être du libelle. Une telle accusation peut donner prise à des poursuites judiciaires. Souhaitez-vous voir vos parents être lavés parce que vous avez écrit des bêtises dans Internet?

> Au sens de la loi, si vous écœurez quelqu'un et que cette personne manque une année à cause du stress infligé, vous pourriez être poursuivi pour dommages punitifs. En avez-vous conscience?

La victime

La cybervictime doit prendre en note tous les messages et tenter de retracer, si possible, les appels et les textos qui

---

16. Ministère de la Sécurité publique. *La cyberintimidation et le cyberharcèlement*, Québec, décembre 2009, pages 4 et 5. Consulté en janvier 2012.

proviennent d'un cellulaire. Selon l'âge de l'élève, il peut demander à un fournisseur qui héberge le site qui le discrédite de le supprimer. Sinon, il peut demander de l'aide d'un parent ou d'un policier. Ces démarches sont toujours très longues par contre.

Selon le Réseau Éducation-Médias, la victime de cyber-intimidation pourrait mettre en application ces quatre démarches dans l'ordre afin d'assurer sa sécurité :

Stopper : il ne faut pas essayer de raisonner ou de discuter avec un agresseur. Il faut quitter immédiatement l'endroit où a lieu l'intimidation ou le harcèlement.

Bloquer : il est recommandé d'utiliser un logiciel de blocage pour empêcher d'être contacté à nouveau. Surtout ne JAMAIS répondre à ces agressions.

Sauvegarder tous les messages de harcèlement et les faire parvenir au fournisseur de services Internet (Yahoo, Hotmail, etc.). À partir de l'adresse IP de l'ordinateur émetteur, le fournisseur pourra déterminer la source. Certains fournisseurs ont des politiques de sanctions pour les utilisateurs qui se livrent au harcèlement sur leur serveur.

Dénoncer : prévenir un adulte en qui l'on a confiance (parent, enseignant, entraîneur, conseiller d'orientation). Aussi, téléphoner à un service d'assistance comme Kids Help Phone (Jeunesse, J'écoute, en français) ou alerter la police (911).

Monsieur Secondi, du SPVM, confirme que : «La Sûreté du Québec effectue de la cybersurveillance dans le cas de la pornographie juvénile. Quant au SPVM, il fonctionne par plaintes. Il est nécessaire qu'un internaute envoie un message sur la page commentaires à savoir qu'un site ou un commentaire sur une page Facebook, par exemple, est inquiétant. C'est ainsi que les jeunes de Saint-Jérôme ont été dénoncés. Quelqu'un a fait parvenir l'information et c'est ainsi que les membres du SPVM ont trouvé l'origine des messages et ont demandé aux policiers de Saint-Jérôme d'intervenir. Aussitôt qu'une vie est en danger, que des actes pourraient se concrétiser, la demande d'une enquête est rapidement lancée et les responsables du cyber-rharcèlement sont contactés.»

Le témoin

Le jeune doit comprendre que malgré son mot de passe, son anonymat, son identité masquée, les policiers peuvent toujours le trouver. Alors, le cyberintimidateur doit comprendre que même s'il est dans son sous-sol, il est facile de le repérer.

Concernant les photos de pornographies juvéniles, il est possible d'aller sur le serveur qui contient l'image et de l'enlever, sauf que personne n'a le contrôle sur les copies qui ont été effectuées. Monsieur Secondi mentionne qu'«il faut considérer que cette image-là existera *ad vitam æternam*. Les copies ne peuvent être récupérées.»

Est-ce que le jeune sait que si une bagarre est filmée et mise sur YouTube, la victime peut porter plainte ? La cyber-victime ne doit pas répondre aux insultes ni aux injures, mais elle doit conserver tous les messages comme preuve pour dénoncer son agresseur. Car lorsque la cybervictime ferme les yeux ou se tait, elle fait ralentir le processus de diminution de ce fléau, dans le but de le voir disparaître un jour. Il est très important de connaître ses droits et de les faire respecter. Il s'agit d'une ligne de pensée qui s'inscrit dans l'évolution de la conscience et de la responsabilité de l'être humain.

Après avoir sondé 2500 adolescents au sujet de la cyberintimidation, l'organisme Jeunesse, J'écoute a révélé que les jeunes apprennent de leurs erreurs. Voici les solutions que les jeunes ont proposé :

- Être conscient que le cyberespace est public.
- Ne donner ses mots de passe à personne.
- Seulement entrer en contact avec des gens qu'on connaît.
- Protéger ses renseignements personnels.
- Utiliser la fonction blocage.
- Avoir une vie sociale en dehors du cyberespace.
- Éviter de se venger si on est intimidé.
- Si c'est le cas, en parler avec un adulte.

Voilà qui rassure et permet d'envisager un avenir plus serein. Mais cela n'est pas suffisant, il restera toujours des têtes fortes et des parents qui encouragent leurs enfants à démolir les autres. Mais la bataille n'est pas perdue. Vous trouverez des sites Internet qui vous permettront de vous documenter afin de comprendre mieux les rouages de la cyberintimidation, mais surtout pour aider votre jeune à se défendre contre les cyberattaques.

Sites Internet pour l'aide et la prévention (consultés en janvier 2012)

— Un site qui contient une section sur la cyberintimidation
   www.cyberaverti.ca/

— Des références essentielles
   Vous NET pas seul

— Un magazine pour adolescents
   funkymag.com/

— Faire nettoyer sa réputation
   www.lactualite.com/societe/laver-sa-reputation

— RIRE – Réseau d'information pour la réussite éducative
   rire.ctreq.qc.ca/

— Réseau Éducation-médias pour tout savoir
   (site passionnant pour tout le monde)
   www.media-awareness.ca/francais/index.cfm
   www.bewebaware.ca/french

— Center for Safe and Responsible Internet Use
   csriu.org/

— Promouvoir les relations interpersonnelles
   et prévenir la violence
   prevnet.ca/

— Info-crime pour dénoncer les actes de cyberintimidation
   www.infocrime.org

— Service pancanadien pour dénoncer les actes
   de cyberintimidation
   www.cyberaide.ca/app/fr

— Sûreté du Québec
   www.sq.gouv.qc.ca/

— Site informatif sur les répercussions
   de la cyberintimidation
   www.internetactu.net/2004/09/30/star-wars-kid-
   laccident-qui-rvle-lco-systme/

— CRPSPC – Centre québécois de ressources en promotion
   de la sécurité et en prévention de la criminalité
   www.crpspc.qc.ca/
   default.asp?fichier=etat_texte_synthese_01.htm

— Cyberbullying
   www.cyberbully.org/cyberbully

— Sécurité dans Internet. Comprend une section
   sur la cyberintimidation
   www.internet101.ca

— Jeunesse, J'écoute (tout pour les jeunes)
www.jeunessejecoute.ca/fr/informed/intimidation/default.asp

— STOP cyberbullying
www.stopcyberbullying.org/index2.html

— Stop Cyberbullying Now
stopbullyingnow.hrsa.gov

— Tel-jeunes
teljeunes.com/accueil

— La sécurité en ligne
www.wiredsafety.org/

— Service de police de la Ville de Montréal (SPVM)
www.spvm.qc.ca/fr/

LA CYBERRESPONSABILITÉ

NOUS avons une grande part de responsabilité sur le fléau qu'est la cyberintimidation. L'élève lui-même doit se protéger et cesser de donner à qui mieux mieux ses mots de passe et, surtout, il doit éviter de raconter sa vie privée à tout le monde. Quant au parent, il doit comprendre comment fonctionnent les réseaux sociaux virtuels et limiter le temps d'utilisation à l'ordinateur de son enfant. L'enseignant doit parler des conséquences encourues par le jeune si une vidéo de lui se retrouve sur YouTube, par exemple. Finalement, la direction de l'école doit mettre ses culottes en créant un protocole qui interdit les cellulaires sur les lieux d'école. Cela protègerait l'élève et l'enseignant.

L'élève

Chaque jeune doit apprendre à protéger ses informations personnelles telles que mots de passe de toutes sortes comme si c'était celui de sa carte de débit : compte de courrier électronique, messagerie instantanée, numéro de cadenas, de casier scolaire et j'en passe, sont personnels et doivent le rester ! Un étranger demeure un étranger. Il ne faut jamais donner son numéro de cellulaire ou son adresse courriel à un inconnu. Ce genre de naïveté conduit à des ennuis tôt ou tard.

Déjà très tôt, le jeune doit comprendre qu'il ne doit pas faire confiance aux premiers venus. Des *bests*, par les temps qui courent, ne sont de passage que quelques mois, voire quelques semaines. Une journée, ils sont *best friends* et, le lendemain, c'est fini. Même chose pour les chums et les amis avec avantages. Les relations, les amitiés, les amours sont, dans la société actuelle, des produits de consommation rapide comme le MacDo, du *fast-food*; aussitôt consommées, aussitôt jetées.

La responsabilité de l'élève repose sur sa capacité à analyser les situations, à comprendre ce qui est bon pour lui versus ce qui risque de lui nuire. Il doit développer son aptitude à anticiper des conséquences devant sa trop grande ouverture envers les autres avant même de connaître les gens. Comment le jeune peut-il apprendre à suivre ses intuitions? Il sait ce qui est bon ou pas pour lui, alors pourquoi ne suit-il pas cette petite voix? Parce qu'il est influençable et qu'il ne cherche que le plaisir instantané sans penser à demain.

Voici quelques éléments que l'élève doit surveiller et développer selon le ministère de la Sécurité publique du Québec.

1. *Apprendre que l'utilisation de l'univers virtuel se fait selon un code d'éthique (nétiquette).*

2. *Éviter de donner des renseignements personnels (ex. : adresse courriel) à des gens qu'il ne connaît pas. De même, éviter de révéler ses mots de passe à ses amis.*

3. *Quitter l'environnement où a lieu l'intimidation et prévenir un adulte de confiance de la situation vécue.*

4. *Bloquer les messages de la personne qui harcèle et ne jamais y répondre.*

5. *Enregistrer les messages de harcèlement et les fournir aux fournisseurs de service Internet ou de téléphonie cellulaire.*

6. *Intervenir lorsqu'on est témoin d'intimidation vis-à-vis de nos propres camarades.*

7. *Alerter la police si l'intimidation comporte des menaces physiques[17].*

La gravité du problème trouve son origine dans l'insouciance de l'élève. Il doit apprendre à être responsable de ses écrits. Il n'est pas nécessaire d'attendre d'être impliqué personnellement dans un incident tragique avant de tirer des leçons. Chaque cas de suicide causé par la cyberintimidation et le cyberharcèlement doit servir de leçon à tous les jeunes et les adultes également, il va sans dire.

Jeter sans cesse la responsabilité sur les autres fait en sorte que le jeune ne se sent jamais concerné. Être capable

---

17. Ministère de la Sécurité publique. *La cyberintimidation et le cyberharcèlement*, Québec, décembre 2009, page 6. Consulté en janvier 2012.

d'avoir du recul par rapport à des situations, des événements dans son entourage permet de se questionner, d'analyser et de tirer des conclusions. Attendre que les problèmes arrivent dans notre cour n'est pas une voie à privilégier.

Tout comme pour l'intimidation, la cyberintimidation a des conséquences très graves et il est impératif que l'élève prenne part à l'amélioration de cette situation. Que l'élève soit victime, intimidateur ou témoin, il doit développer la volonté, la conscience et le courage d'intervenir en dénonçant, en refusant de contribuer en pesant sur le bouton *J'aime*, en prenant une position positive dans la chaîne.

Une notion qui semble simple et aller de soi ne l'est pas nécessairement. Apprenons à faire la différence entre les mots «privé» et «public». Internet est tout sauf «privé». Il n'existe rien de plus «public» que le réseautage en ligne. Il faut le retenir. Rien n'est privé sur Internet, tout le monde a accès aux informations et personne ne peut prédire jusque dans quel pays se rendront les messages. Le parent, la direction de l'école, l'enseignant, l'ami, l'ennemi, le futur employeur, le directeur de banque… tout le monde a accès à ces missives envoyées dans le cyberunivers. Le domaine «privé» restera toujours le face-à-face, et encore...

Un sujet qui n'est pas souvent abordé est celui de la pornographie juvénile. Lorsque la jeune fille se laisse filmer, par son amoureux, nue ou se faisant des caresses, elle doit être consciente que lorsque les amours seront terminées, le jeune aura toujours ce matériel entre les mains. Il est possible que cette vidéo se retrouve sur YouTube. «Si le garçon fait des menaces à la fille pour qu'elle lui accorde des faveurs sexuelles sinon il placera les photos et la vidéo sur un réseau social ou les montrera à ses parents, il s'agit là d'extorsion. Si les jeunes sont mineurs, explique monsieur Secondi du SPVM, on parle ici de pornographie juvénile et le garçon peut se faire accuser de distribution de matériel, c'est un crime.»

L'enfant doit apprendre à devenir un leader positif en refusant d'emboîter le pas dans des manifestations négatives de tout genre. Et il a besoin du sens critique du parent pour l'orienter dans ses choix, dans ses prises de décision. Pour ce faire, un parent responsable et engagé positivement, capable de gérer ses émotions et ses frustrations a plus de chances de transmettre ces valeurs et ces habiletés à son enfant.

Le parent

Il est facile d'imaginer qu'un parent qui s'implique dans l'utilisation que son enfant fait d'Internet en discutant avec lui de l'existence de certaines règles a un impact positif réel sur le comportement en ligne de son jeune. Lorsqu'un élève est soutenu, encadré et appuyé par le parent, il a moins tendance à participer à des activités nébuleuses et dangereuses en ligne.

Des études révèlent que, selon certains spécialistes, il n'est pas recommandé que le parent scrute à la loupe les envois de son jeune, car cela ne favorise pas la responsabilisation. Au lieu de chercher à le contrôler, le parent doit davantage discuter avec son enfant pour l'aider à développer une utilisation saine des réseaux sociaux. Le parent a la responsabilité aussi d'avertir la direction de l'école si son enfant est cyberintimidé et il est préférable qu'il travaille de concert avec elle.

En plus d'éduquer son enfant sur l'utilisation des communications virtuelles, le parent doit aborder les termes sociaux à l'origine de l'intimidation et du harcèlement. Par exemple, la discrimination, le sexisme, la violence, la frustration, la colère, la vengeance, l'homophobie, le respect des autres, l'empathie et bien d'autres. Évidemment, il est recommandé de donner l'exemple en ne se lançant pas dans des campagnes de salissage contre des groupes religieux, des groupes ethniques et j'en passe. Donner l'exemple est un excellent moyen éducatif et communiquer avec son jeune demeure un chemin à emprunter afin de s'orienter vers le succès.

Le parent doit établir des règles claires avec son enfant concernant l'utilisation d'Internet. Quels genres de sites fréquente-t-il? Qui sont ses amis sur Facebook? Quels genres de messages envoie-t-il et reçoit-il? Tout en favorisant les échanges, le parent peut vérifier si son jeune reçoit des messages d'insultes ou de menaces verbales ou physiques et l'inviter à lui en parler. Même si la technologie n'est pas sa tasse de thé, le parent doit suivre au minimum ce qui se passe dans ce domaine.

Bon nombre de policiers, par exemple, avouent préférer être sur Facebook comme ami de leurs jeunes afin de suivre ce qui se passe. Tandis que d'autres placent l'ordinateur au vu et au su de toute la maisonnée, car il semble que ce soit plus difficile de s'adonner à des correspondances malsaines lorsqu'il y a un va-et-vient autour. D'autres parents déterminent des heures contrôlées d'utilisation d'Internet. Bien des moyens peuvent être utilisés pour démontrer à l'enfant que le parent est soucieux, sans vouloir le contrôler, de son utilisation technologique.

Selon un sondage Ipsos Reid réalisé pour la société informatique Symantec, un parent sur quatre n'a aucune idée de ce qu'est YouTube, alors que quatre parents sur 10 ne connaissent pas Facebook. Voici un excellent moyen de suivre l'évolution informatique et de comprendre la cyber-réalité des enfants : devenir e-parent :

www.media-awareness.ca/francais/parents/
internet/eparent.cfm

Souvent, le parent lui-même évalue difficilement les conséquences des photos et des propos qu'il tient sur Facebook, si on en juge à certains messages. Il place même des informations très personnelles sur sa vie privée, ses déplacements, ses fréquentations, son célibat et j'en passe. Le parent doit aussi savoir que ce qu'il place dans le cyberespace ne disparaît jamais. Cela peut nuire à son avancement professionnel. Imaginez un adulte qui place une photo de lui en pleine beuverie, en petites tenues, et que quelques années plus tard, il désire obtenir une promotion comme directeur de succursale dans une banque. L'employeur vérifie de plus en plus dans Internet le profil d'un futur employé ou collaborateur.

L'enseignant

Contrairement à ce que l'on croit, l'enseignant ne fait pas qu'enseigner sa matière, mais il «enseigne» également la vie. Il n'est pas sans savoir qu'il est un modèle pour l'élève qui s'identifie très souvent à un adulte. Tout adulte se souvient qu'un enseignant, un jour, a fait une différence dans sa vie. Idéalement, de manière positive.

Mais, en premier lieu, l'enseignant a la responsabilité de sa cyberintimidation. Il doit s'occuper de sa propre réputation en se créant une page Facebook avant qu'un élève décide de lui en créer une. Choisir d'avoir une identité virtuelle, c'est acheter la paix, car l'humain a horreur du vide. Nous sommes nombreux à connaître au moins une histoire d'horreur concernant des jeunes qui ont créé une page Facebook peu avantageuse pour un adulte. Cette suggestion n'est pas un gage absolu de quiétude, car ce mot n'existe pas lorsqu'on parle de cyberespace, mais au moins, il a l'avantage d'être dans le courant.

Une autre proposition est de s'abonner gratuitement à *Google Alerte* afin d'être informé aussitôt que son nom apparaît dans le cyberespace. Il est important que l'enseignant le sache lorsque l'on parle de lui dans les réseaux sociaux. Vaut mieux savoir ce qui se raconte à notre sujet que d'être la tête de Turc sans le savoir, de se retrouver en cour ou de perdre son emploi. Il est nécessaire de savoir que l'on se fait traiter de pédophile, par exemple. Googlez votre nom assez souvent.

À ce sujet, le 14 janvier 2008, Lapresse.ca a rapporté une expérience difficile. Après le décès de sa femme, un homme de 60 ans a décidé d'aller enseigner l'informatique dans une école secondaire. Son tempérament sévère a eu raison des évaluations étudiantes et a remis un fort pourcentage d'échecs. La rumeur a été lancée dans Internet que cet enseignant était pédophile. Si bien que, quelques semaines plus tard, les policiers se présentaient à l'école pour l'arrêter. Une seule étudiante a présenté des excuses, mais l'enseignant a quand même quitté ses fonctions et s'est remis difficilement de cette humiliation. Vaut mieux être assis sur la chaise de celui qui dénonce que sur celle de celui qui se défend contre un crime qu'il n'a pas commis.

Voici quelques éléments sur lesquels l'enseignant doit être vigilant envers son élève :

1. S'assurer que la correspondance avec l'élève ou le parent reste professionnelle et soignée ;

2. Éviter de mettre des pièces jointes, dans le meilleur des cas ;

3. Ne pas laisser son ordinateur sans surveillance à l'école ;

4. Ne pas utiliser une adresse courriel personnelle ;

5. Ne divulguer aucune information sur la direction d'école, un collègue ou un élève ;

6. Ne jamais passer de commentaires ou critiques, toujours demeurer informatif ;

7. Ne jamais transmettre d'informations personnelles ou de photos.

Si l'enseignant est victime de cyberintimidation :

1. Faire une copie et sauvegarder tous les messages diffamatoires;

2. Ne pas discuter avec le cyberintimidateur ni lui répondre, cela pourrait aggraver la situation;

3. Informer la direction de l'école;

4. Informer la commission scolaire;

5. Discuter avec le parent du cyberintimidateur, si possible;

6. Contacter les policiers si rien ne bouge.

Les règles sont comme celles à bord d'un avion. Avant de penser à sauver les autres, il faut d'abord penser à sa propre sauvegarde.

Par la suite, l'enseignant a la responsabilité de ses élèves. Une des nombreuses raisons est certainement qu'il a à cœur la réussite de ses troupes. Puisque nous ne sommes plus à prouver que l'intimidation affecte le cerveau humain et la mémoire, donc la capacité d'apprendre, il est grand temps d'intervenir là où nous avons du pouvoir. C'est pourquoi l'enseignant doit être créatif afin de faire passer la notion de cyberintimidation et de cyberharcèlement à ses élèves.

Pour ce faire, voici un site Internet à la disposition de tous les enseignants. Ils y trouveront des activités simples, avec des études de cas ainsi que des discussions sur la cyberintimidation à faire avec leurs groupes :

www.media-awareness.ca/francais/enseignants/index.cfm

www.media-awareness.ca/francais/ressources/educatif/activities/secondaire_general/cyberinti-midation/cyberintim_loi2.cfm

L'enseignant doit prendre quelques heures pour discuter de la cyberintimidation afin de soulever un débat et accélérer le niveau de conscience, autant pour la victime que pour le bourreau. Qui a déjà été cyberintimidé dans la classe? Qui a déjà cyberintimidé? Bon nombre de questions peuvent mettre en relief la réalité virtuelle et ainsi amener l'élève, souvent peu soucieux, à comprendre une épidémie dont il est le principal acteur. Un proverbe chinois dit bien : *Il faut combattre le feu par le feu.* Alors, pourquoi ne pas les impliquer finalement? Cessons de croire qu'ils sont incapables de comprendre et de penser à toutes les répercussions possibles. Intéressons-les à cette problématique qui les touche quotidiennement. Soyons près d'eux, ils consentiront peut-être davantage à s'ouvrir au lieu de s'évader dans leur monde virtuel.

L'enseignant peut aussi survoler, à l'occasion, les pages Facebook de ses élèves afin de voir ce qui s'échange. Il est intéressant de connaître le profil des jeunes, cela évite des surprises irrécupérables. De plus, il devient possible de créer des rencontres en classe afin de susciter une discussion pour échanger et partager son opinion avec ceux qui tiennent des propos diffamatoires, entre autres.

Bien sûr, l'élève ne veut pas avoir un adulte dans ses pattes, cela se comprend. Sauf si c'est un adulte qui intègre son mode de vie et qui s'intéresse à lui au lieu de le juger et de lui faire la morale. Le jeune se révolte davantage contre une manière d'agir que contre l'adulte lui-même. Alors, pour sensibiliser l'élève de manière douce et authentique, des activités et des rédactions peuvent être proposées en classe. Puisque le cyberespace est l'endroit où il passe le plus clair de son temps, au lieu de le nier, de le réprimander, tentons de faire autrement en intégrant leur monde.

Voici une activité à proposer en classe. L'enseignant lance un débat avec deux équipes en divisant la classe en deux. Surtout, ne pas faire choisir le clan par l'élève. Cela limitera l'évolution et l'avancement de chacun. Le sujet du débat est le suivant : Les conversations dans Facebook sont-elles de nature privée ou publique ? Vous verrez que certains élèves chemineront à la vitesse grand V simplement parce qu'ils doivent défendre un point de vue en lequel ils ne croient pas.

Autre proposition pour des activités à faire réaliser par des élèves. Selon l'âge, il est possible d'adapter le niveau de difficulté des sujets de dissertation ainsi que le nombre de pages. Par contre, pour vraiment contribuer à une prise de conscience qui en vaille la peine, un minimum de cinq pages est préférable.

Dix propositions de sujets de compositions

1. Les avantages de la politesse dans Facebook.

2. Les ravages du *bitchage* dans Internet.

3. Les conséquences possibles de la cyberintimidation.

4. Les différences entre l'amitié réelle et celle sur le Web.

5. Six bonnes raisons de réfléchir avant de peser sur *Envoyer*.

6. Quels sont les comportements qui frustrent les élèves? Comment les gèrent-ils?

7. Faire lire le cas de Dawn Marie Wesley. Quelle leçon en tirent-ils?

8. Ont-ils déjà regretté un message envoyé dans le cyber-espace? Pourquoi?

9. Avantages et inconvénients de l'anonymat dans Internet.

10. D'après eux, quelles sont les solutions pour contrer la cyberintimidation?

S'intégrer au monde des jeunes est une façon de mieux connaître leur univers et de garder le contact avec leur réalité. N'est-ce pas mieux que de ramer à contre-courant et ainsi risquer de noyer tout le monde?

La direction de l'école

En politique, nous avons souvent entendu parler de la tolérance zéro. Ce terme a été repris pour expliquer l'intolérance vis-à-vis de l'intimidation. Pourtant, le retrait temporaire de l'école pour un cyberintimidateur ne fait qu'aggraver la situation. Durant son retrait de l'école – souvent perçu comme des vacances – le jeune a le temps d'en vouloir davantage à sa victime en plus de se révolter contre le système scolaire et de prendre un retard souvent irrécupérable. À son retour, il risque de développer un comportement encore plus mordant et punitif envers sa proie. Ce qui a été observé avec l'histoire des derniers cas. Alors, il faut comprendre que cette avenue n'est pas la bonne, car elle ne fonctionne pas.

La tolérance zéro devrait conduire à un travail psychologique effectué avec le cyberintimidateur au lieu de le retirer de l'école. Voici un bel exemple lié au judéo-christianisme, où la punition et le repentir étaient à la mode autrefois. Le temps est venu de comprendre que les jeunes qui sont habités en permanence par l'agressivité, la méchanceté et le goût de vengeance ont besoin de soutien psychologique et non d'être punis. Il faut davantage travailler sur les causes des problèmes plutôt que sur les symptômes. Ou encore, établir des règles dont le parent et l'élève seront informés et auxquelles ils devront se conformer.

Par exemple, dans les établissements de la Commission scolaire de Toronto, le cellulaire est formellement interdit. Le Québec traîne de la patte pour prendre cette décision, qui épargnerait au moins l'enseignant. Pour sa part, la

Fédération des établissements d'enseignement privé prépare un guide qui traitera de la cyberintimidation. Quant à la Commission scolaire de Montréal (CSDM), aucune réglementation spécifique n'a été établie, car la cyberintimidation est considérée au même titre que l'intimidation.

Tout comme pour l'enseignant, la direction de l'école peut choisir de créer des activités ou des politiques qui permettraient de contrer la cyberintimidation et le cyberharcèlement, en expliquant les conséquences sans fin à l'enseignant, à l'élève et au parent. La direction d'école et la commission scolaire ont le droit et même le devoir d'interdire l'intimidation et la cyberintimidation à travers une politique globale clairement élaborée.

Contrairement aux bonnes vieilles croyances judéo-chrétiennes, taire une problématique en croyant la faire oublier de tous n'est plus au goût du jour. Et de nombreuses expériences démontrent les erreurs qui ont été commises à partir de cette manière de penser. Il faut appeler un chat, un chat. On ne peut rien contre cela. Ce n'est pas parce que l'on refuse d'offrir des cours de sexualité aux jeunes qu'ils n'auront pas envie de faire l'amour et que leurs hormones cesseront de fonctionner. Au même titre, ce n'est pas parce que l'on refuse de faire un testament qu'on ne va pas mourir. En sens inverse, le fait de faire son testament ne nous fera pas mourir plus rapidement.

Bref, il y a ceux qui nient tout et ceux qui désirent être *cools* et emboîtent le pas sans analyser les conséquences… comme font plusieurs jeunes, soit dit en passant. Accepter le téléphone cellulaire dans les salles de classe sous prétexte que le jeune l'utilisera pour des travaux pratiques est une erreur importante pouvant avoir des conséquences terribles pour l'enseignant ou pour les élèves. Tant et aussi longtemps que l'élève ne saura pas comment utiliser intelligemment son téléphone intelligent, cette décision ne fera que détruire la réputation de l'enseignant et le pousser encore plus rapidement vers le *burnout*.

Devrait-on placer un directeur d'école devant une salle de classe, ne serait-ce qu'une journée complète? Peut-être comprendrait-il la réalité – transférée dans le monde virtuel – de l'enseignant.

La prévention pour enfant et adulte

❖ Ne laisser personne prendre une photo ou tourner une vidéo de vous nu ou vous faisant des caresses sexuelles.

❖ Éviter de placer des photos de vous qui pourraient être compromettantes sur votre Facebook.

❖ Posez-vous la question : Ai-je envie que tout le monde voit cette photo ou regarde cette vidéo? Ce qui semble drôle pour vous pourrait nuire à votre carrière plus tard.

❖ Oublier les photos de soirées bien arrosées ou en petites tenues.

CONCLUSION

LA cyberintimidation est un phénomène sérieux, très grave et à l'origine de trop de cas de dépression et de suicides par année. Ce problème de société mérite d'être considéré par tous les participants de la société. L'enfant, le parent, l'enseignant, la direction de l'école doivent cesser de banaliser ce fléau, en se disant qu'il n'y a rien à faire pendant que chacun se lance la patate chaude.

Imaginons que tous ces acteurs ont une patate chaude entre les mains. Que feront-ils alors ? Personne ne peut la donner à l'autre, n'est-ce pas ? Il existe deux solutions : la première est certainement de poser des actions ; et la deuxième de faire de la prévention, de sensibiliser le jeune qui est à l'origine de la cyberintimidation. Il est l'acteur, le témoin participant et la victime. L'enseignant aussi est une victime.

Est-ce que la direction d'école et la commission scolaire attendent d'être aussi cyberintimidées avant d'agir ? Est-ce vraiment nécessaire d'en arriver là ? Certes, le gouvernement peut aider en débloquant des fonds. Mais en attendant, cessons d'attendre que le taux de suicide augmente, que le gouvernement donne de l'argent, que le parent éduque son enfant, que la cybervictime tombe dans une dépression à vie, que l'enseignant soit traîné en justice pour de fausses accusations, que…

Voyons le problème dans son ensemble. Sentons-nous interpellés et croyons que nous avons du pouvoir sur la situation puis passons à l'action. Il existe de multiples sites Internet pour aider chaque acteur, pour le conseiller, l'informer, l'appuyer dans sa démarche. Pourquoi ne pas s'en servir au lieu de croire qu'il n'y a rien à faire ?

La seule manière de gérer la cyberintimidation, c'est de cesser d'en parler et agir.

[…] la ministre Beauchamp a annoncé [en avril 2011] qu'elle prolongera et bonifiera le plan d'action contre la violence. «Depuis le lancement du plan il y a trois ans, la place des médias sociaux et du cyberespace a encore augmenté. On va se pencher sur la question pour être sûr d'avoir les bons outils pour y répondre. On va chercher des solutions avec tout le monde», a dit Mme Beauchamp» [18].

18. LACOURSIÈRE, Arianne. *Cyberintimidation : Québec prolonge son plan d'action*, Lapresse.ca, 17 avril 2011. Consulté en janvier 2012.

RÉFÉRENCES

SHARIFF, Shaheen. *Confronting Cyber-Bullying,* Cambridge University Press, New York, 2009.

LaPresse.ca

Ministère de la Sécurité publique
Direction de la prévention et du soutien
Le bulletin est disponible dans le site Internet du ministère de la Sécurité publique :
www.securitepublique.gouv.qc.ca

Charte des droits et libertés de la personne
www2.publicationsduquebec.gouv.qc.ca/dynamicSearch/telecharge.php?type=2&file=/C_12/C12.HTM

Réseau Éducation-médias
www.webaverti.ca/french/default.html

www.media-awareness.ca/francais/ressources/educatif/documents_accompagnement/cyberintimidation/cyberintim_avatar_h2.cfm

Réseau Éducation-médias

Pour les enseignants

www.media-awareness.ca / francais / enseignants /
index.cfm

Pour les parents

www.media-awareness.ca / francais / parents / index.cfm

Tout le Réseau Éducation-médias contient des informations complètes et indispensables.

Autres ouvrages du même auteur chez Béliveau Éditeur

Ces femmes qui détruisent...
LES FEMMES
Les ravages du «bitchage»

Cette situation se révèle très grave, pour ne pas dire alarmante!

Avons-nous songé, un instant, au tort que nous nous causons à nous-mêmes par notre attitude destructrice envers nos pairs féminins? En détruisant notre estime de soi, nos compétences professionnelles, notre créativité et notre santé, c'est l'avenir féminin que nous détruisons. Puisque notre réputation s'arrête à cette appellation – faiseuses de troubles –, quel employeur, dans dix ans, voudra nous embaucher? À compétences égales, il est facile d'imaginer que la gent masculine sera priorisée. Ici, il ne s'agit pas d'être alarmistes, mais conséquentes de nos actes. Réfléchissons un peu et comprenons que le *bitchage* et la médisance ne servent à personne, en plus de jouer contre l'avenir des femmes tout court.

ISBN 978-2-89092-422-2
Essai • 176 pages

LE « BITCHAGE »
25 CONSEILS INDISPENSABLES
Guide de survie

Depuis la publication de *Ces femmes qui détruisent... les femmes – les ravages du «bitchage»,* des témoignages me sont parvenus par milliers. Des appels à l'aide à travers des messages de détresse aussi bien que des idées suicidaires – qui m'ont tous marquée. Quelques rares autruches se sont également manifestées, mais voici que le sujet n'a laissé personne indifférent. Les médias se sont penchés également sur cette problématique, et dans les salons du livre on me demandait : «Proposez-vous des solutions?» En effet, plusieurs femmes m'ont livré leurs histoires bouleversantes, dans un besoin de se confier à une oreille compréhensive et, surtout, de recevoir des conseils judicieux facilement et rapidement applicables.

Ce guide de survie se veut avant tout un outil pratique offrant des réponses directes à des questions simples pourtant liées à des sentiments fort complexes. Il s'agit d'un complément à *Ces femmes qui détruisent... les femmes* et non d'une suite.

ISBN 978-2-89092-449-9
Essai • 120 pages

« BITCHER » ET INTIMIDER
À L'ÉCOLE
C'est assez

L'intimidation à l'école, c'est l'affaire de tous !

Pour élèves, enseignants et parents. Enfin un guide complet rempli de témoignages, de conseils, de signes avant-coureurs et, surtout, de pistes de solutions qui permettent souvent d'éviter des traumatismes que l'élève pourrait traîner toute sa vie.

Pour l'élève : Tu trouveras des solutions et tu apprendras à te sortir de situations où tu te sens menacé et démoli. Tu seras également en mesure de désamorcer la méchanceté autour de toi.

Pour l'enseignant : Vous devez intervenir rapidement, soit en utilisant les ressources disponibles à l'école ou à l'extérieur de l'école, soit en travaillant en étroite collaboration avec les parents.

Pour le parent : Quelques conseils afin de vous aider à détecter que votre enfant a de sérieux problèmes à l'école. Quels sont les signes avant-coureurs ? Quoi faire pour établir une communication empathique et non un jugement afin de l'aider ?

Il faut que l'agression psychologique cesse…
élèves, enseignants et parents,
vous ferez une différence, à vous d'agir !

Écrit en collaboration avec Johanne Martin, technicienne en éducation spécialisée dans une polyvalente.

ISBN   978-2-89092-488-8
Essai • 176 pages